碗筷。雙雙

趙廣超。馬健聰 著

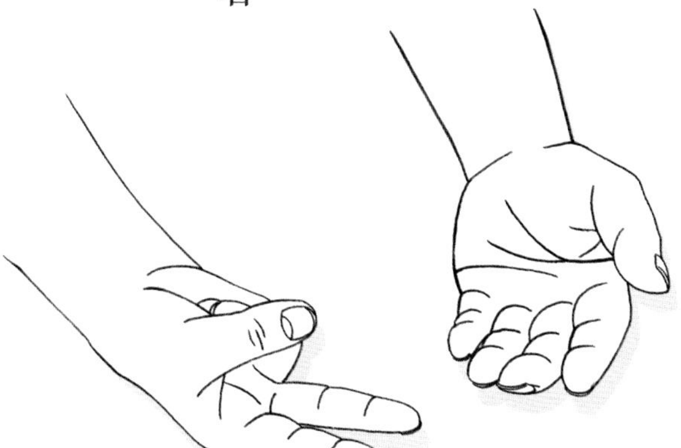

JPC HK

碗筷。雙雙

作者　趙廣超・馬健聰
主編　趙廣超
責任編輯　張艷玲
設計　吳靖雯
製作　設計及文化研究工作室
出版　三聯書店（香港）有限公司
香港北角英皇道四九九號北角工業大廈二十樓
Joint Publishing (H.K.) Co., Ltd.
20/F., North Point Industrial Building,
499 King's Road, North Point, Hong Kong
印刷　陽光（彩美）印刷有限公司
香港柴灣祥利街七號十一樓B十五室
香港發行　香港聯合書刊物流有限公司
香港新界大埔汀麗路三十六號三字樓
版次　二〇一七年十月香港第一版第一次印刷
二〇二〇年七月香港第一版第二次印刷
規格　十六開（170 x 240mm）一二〇面
國際書號　ISBN 978-962-04-3945-2

JIA CULTURE RESEARCH
FOUNDATION LTD
家文化研究基金會

此出版項目開發調研工作由家文化研究基金會贊助

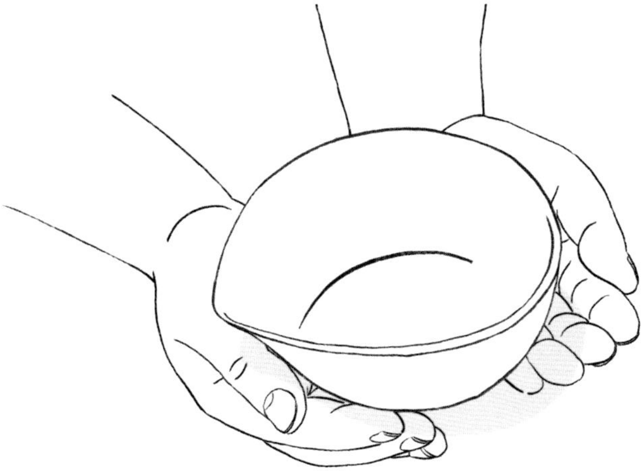

假如無法老是守在河邊……

序一

二〇一七年初在趙廣超先生的鼓勵及支持下，我們選擇在香港——這個中西匯萃、新舊交融的亞洲世界級都市成立「家文化研究基金會」。成立宗旨定為：在非牟利基礎下，關注及研究傳統東方文化中「家的意涵」；以及文明進程中的「家文化」。通過創新思維演繹「家的人文價值」，經由著述、設計、出版、展覽、演出等，於當代生活中應用及實踐。所以也就順理成章的委托設計及文化研究工作室，共同研究與出版《碗筷雙雙》。

趙廣超先生對文化及藝術議題的研究著述（建築、空間、工藝、視覺、書畫、兒童及傳統文化教育），讓人在閱讀時感到喜悅之餘，總不禁讚嘆怎麼能夠如是——在演繹時旁徵博引的寬廣，其帶着童趣幽默、言簡意賅的表現方式，易讀易懂，讓人樂於親近並應用於生活當中。

尋常作，碗天開！《碗筷雙雙》的出版只是一個開始，相信能吸引更多對文化、藝術、教育有期待的朋友，共創有意義、有價值的協作及實踐。要對斯土、斯民、斯文化的繼承與發展有所幫助，需要默默耕耘、忍耐寂寞、抵擋現實誘惑，而這工作總該有人願意做，能夠做吧？

藉此也對年輕的工作團隊——馬健聰、吳靖雯、魏忠漢致以深切的感激。

林安鴻 Christopher LIN @2017 秋

家文化研究基金會創辦人

序二

碗的叫法是後來的事，碗的應用可早到無法稽考。每一個出土的瓷碗，哪怕一塊碎片，縱使千年，依然好像昨天出窰般亮麗如新。

碗的名字按功能的規律變化，碗的材質又隨着技術的發展變化。由始至終，碗的造型基本上都是在一個圓形的範圍內，偶爾五瓣、六角、八塊，又或三角、四方……像按着不同季節的花期綻放，又像漣漪般總在雙手掬起的圓周內蕩漾。

這個尋常的器物，實而不華，一直替我們盛載無窮歲月，與我們一起遍嚐百般滋味。

碗摔破了，歲歲平安。落地開花，富貴榮華！

趙廣超．馬健聰
設計及文化研究工作室

就讓河隨時流到你的身邊吧……

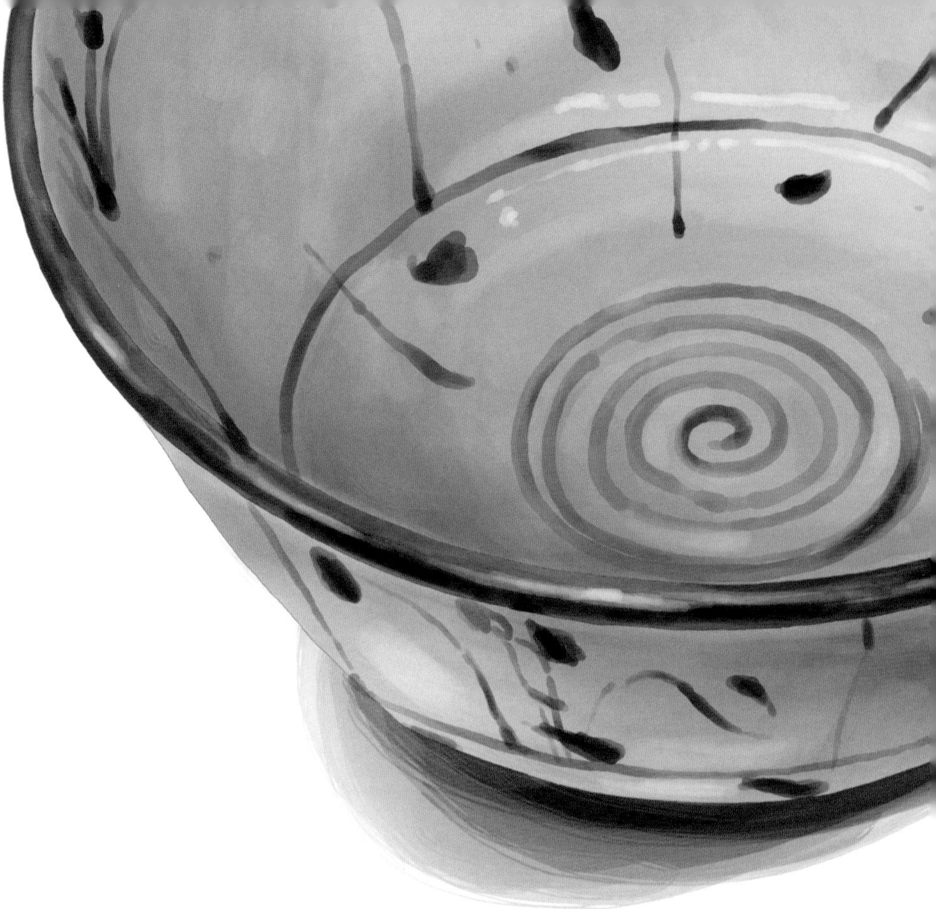

目錄

【卷上】碗碗

【卷下】

筷筷

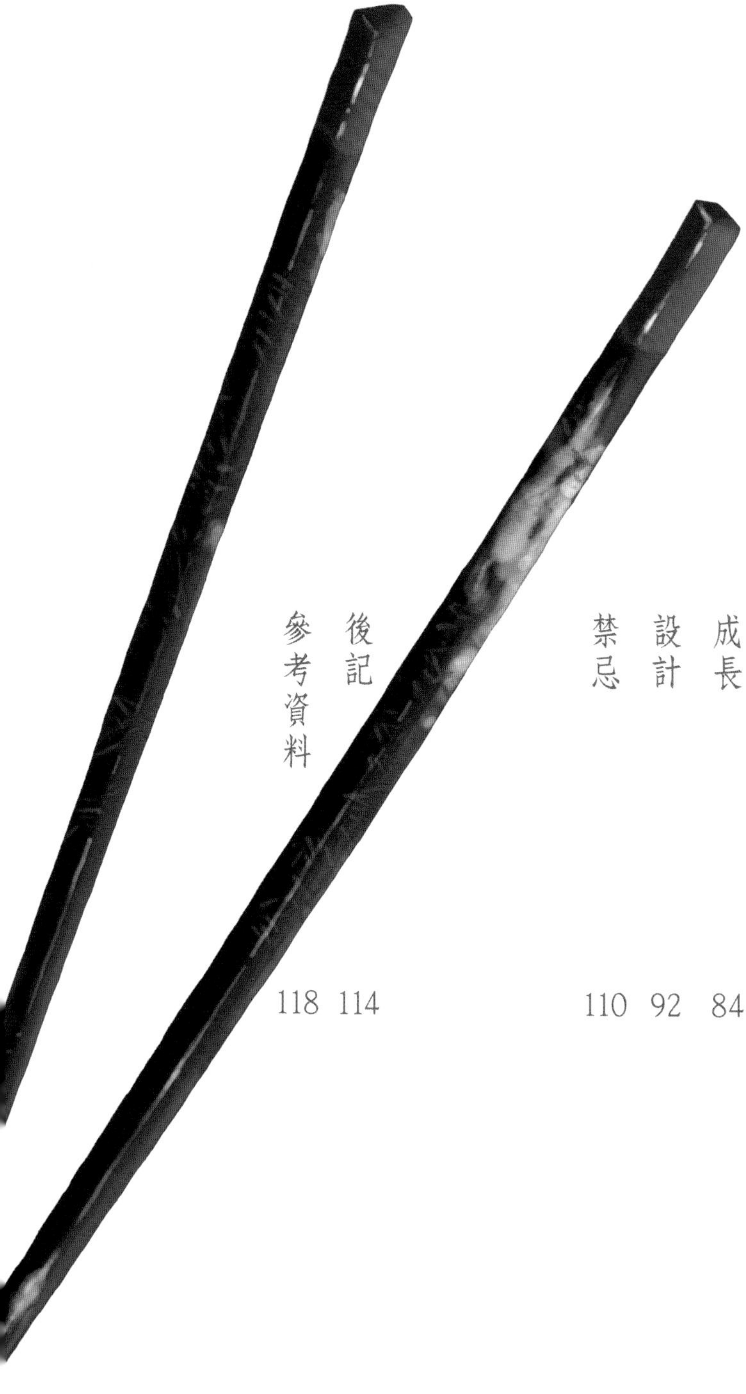

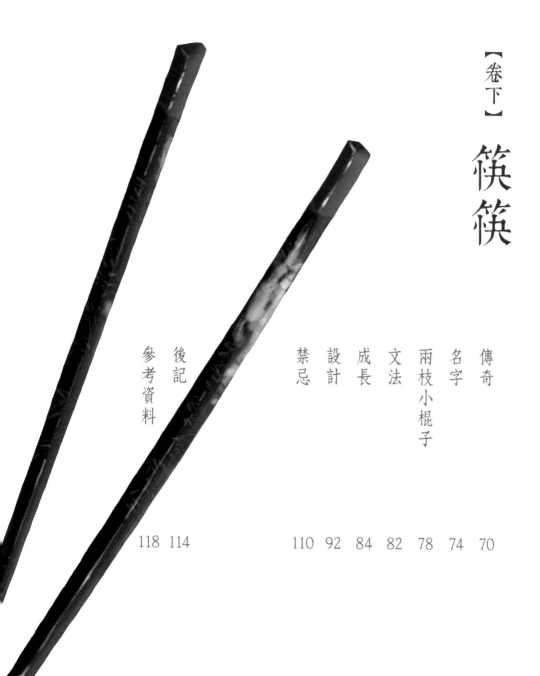

【卷上】

碗碗

低窪曰宛

宛既從石，不是舊石器就是新石器。圓圓的，很像地上長出的硬果殼、葫蘆瓢……碗因此很可能是人類的第一代仿生產品；從雙手一掬的動作來看，碗又充滿着樸素的人體工學味道。

奇妙的泥土，既可以長出食物，又可以燒煉成為盛載食物的器物。

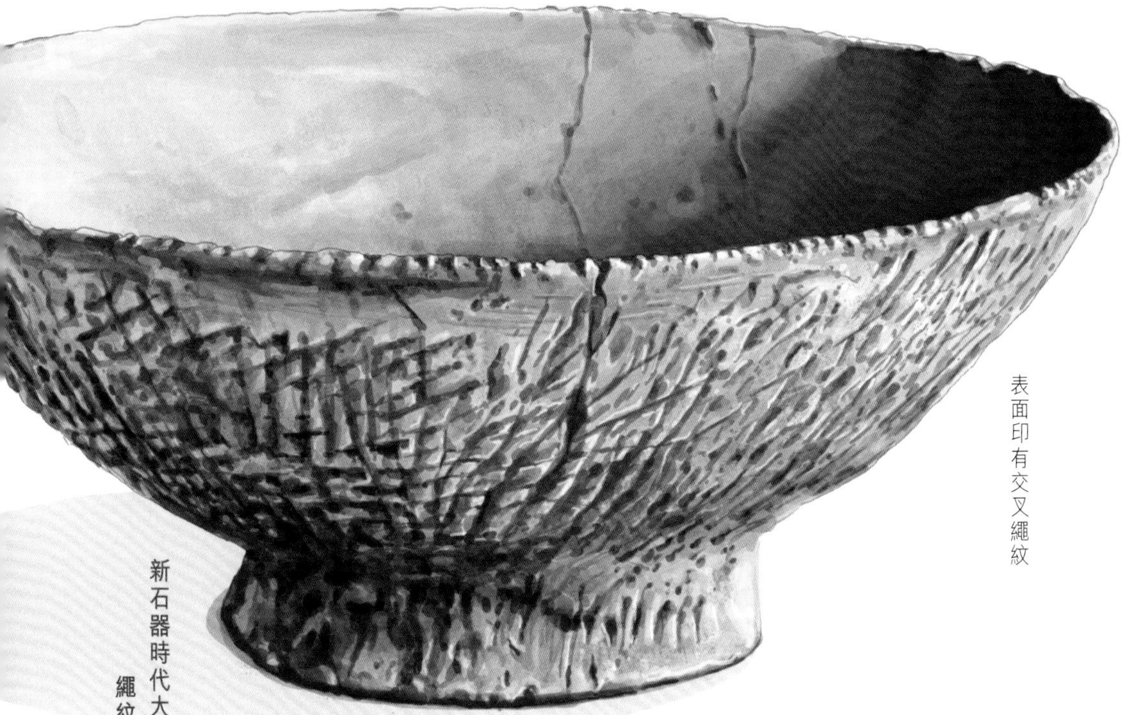

表面印有交叉繩紋

新石器時代大地灣文化
繩紋紅陶圈足碗

簡說

盂

西漢中期彩繪漆木盂

盂的外形似較深的盤。商周時期，稍大的碗在文獻中稱為「盂」，既用於盛飯，也可盛水。

缽

新石器時代彩陶缽

缽（或鉢）是古代飲食器皿之一，無碗足。後來指僧道隨身攜帶的小碗，梵文缽多羅（PATRA）的簡稱，因此亦有「托缽僧」的稱謂。

簋

商父己銅簋

簋盛行於商周時期，用作盛放飯食，肉食則由鼎盛載。商周人席地而食，簋放於席上，以手取食。簋、鼎多作禮器用，如周天子用九鼎八簋，諸侯用七鼎六簋。今天依然會以「九大簋」形容大排筵席。

食盒

西漢彩繪鳳紋漆盒

戰國後期出現漆盒盛飯，材質上更加輕巧。至東漢中期開始被各類陶瓷碗取代。

盌

東漢青瓷碗

在古代，碗一度叫做「盂」，叫做「盌」。還有「椀、埦、鋺」表示各種材質。碗的形制在漢代後逐漸演變，至南北朝時形制與現代基本一致。

小漆盤

五代衛賢《高士圖卷》

西漢木胎彩繪漆案

西漢馬王堆出土的漆製耳杯和竹箸，同時亦有小漆盤，適合碗筷並用。

一雙手……

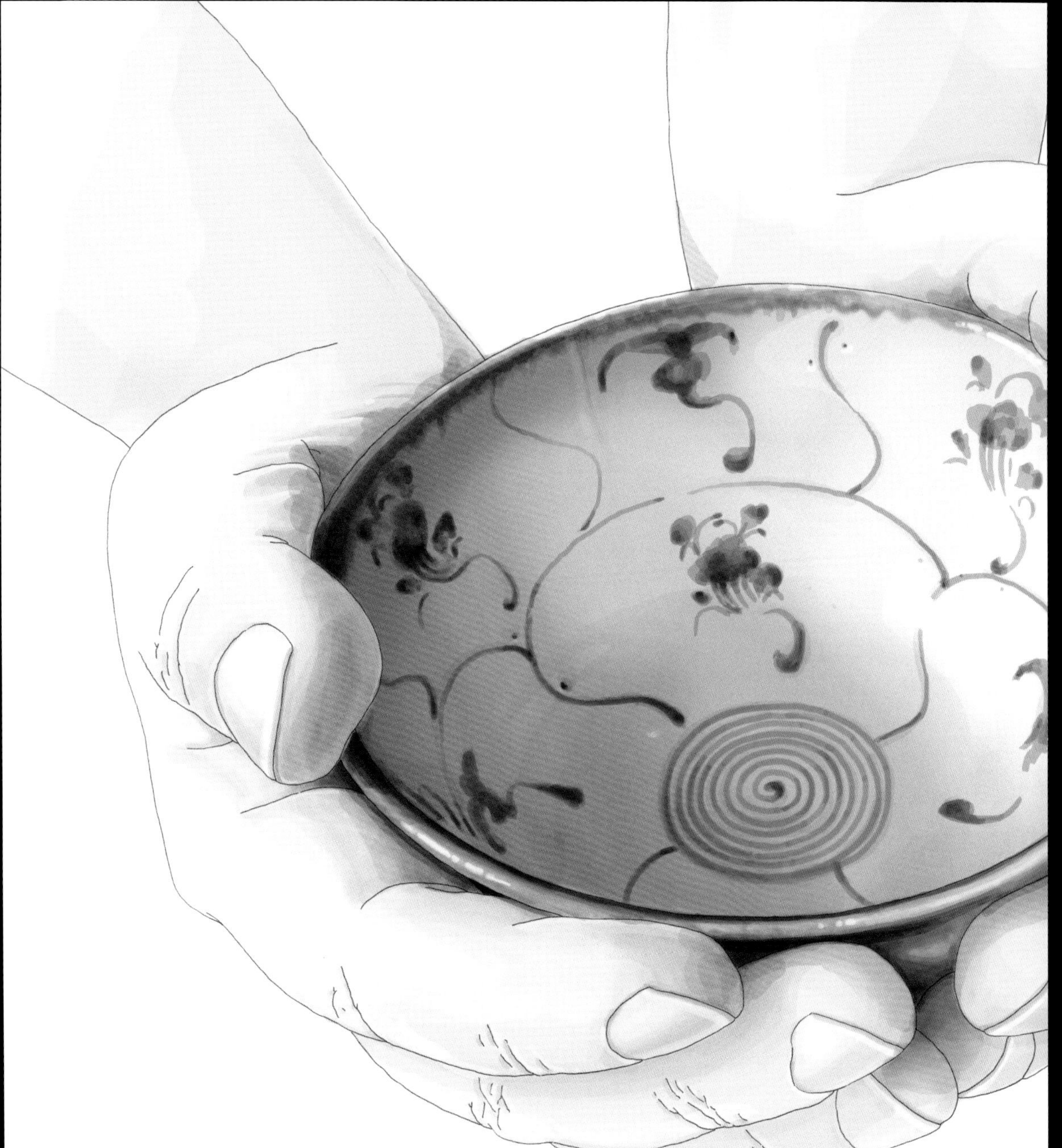

青花靈芝紋碗

產自清代福建德化窰，此紋飾於清雍正時極為流行，一直延續至今。

這個碗造型小巧，捧碗時像拿着一個飯團，或碗替我們拿着一個飯團。

的背後

練泥

拉坯

取土

盛載食物的器物

種出食物

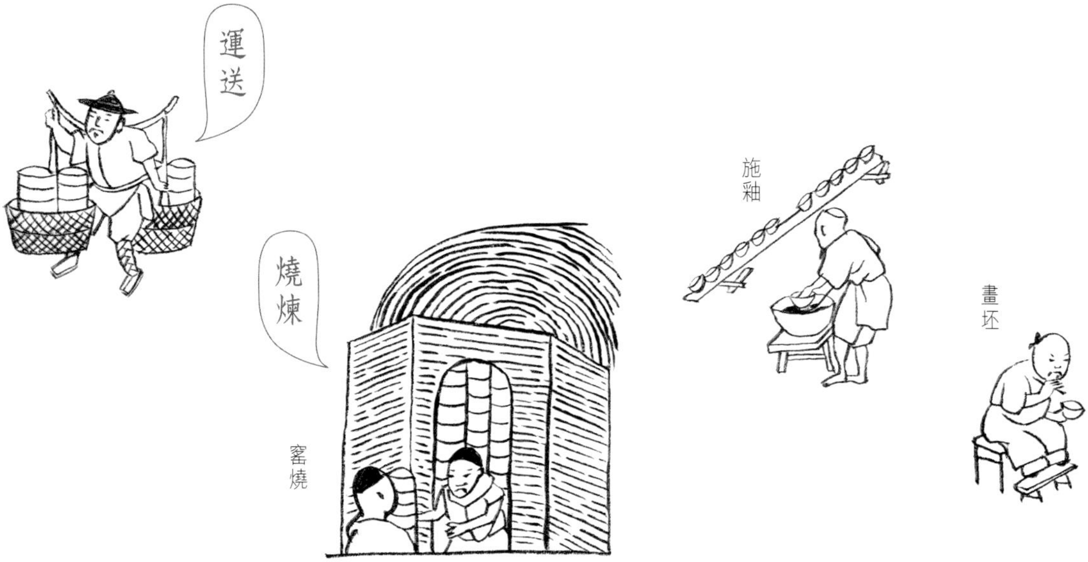
運送
燒煉
窰燒
施釉
畫坯

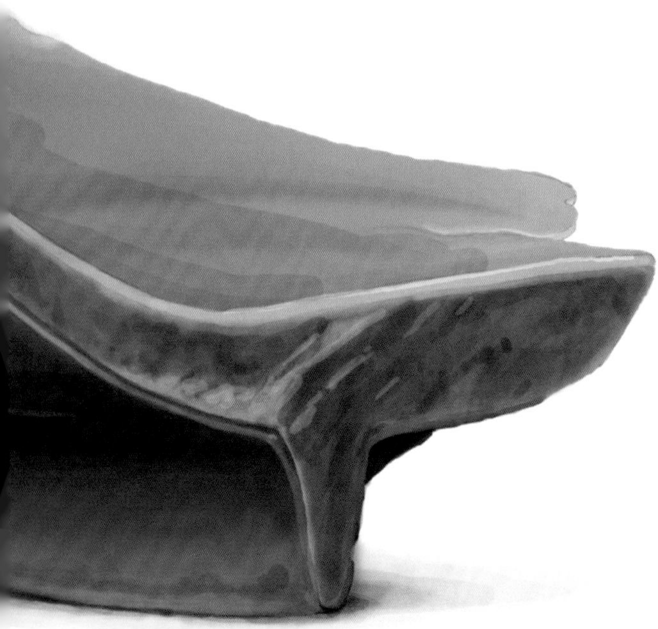

相對金木，
瓷器有衛生，
抗酸鹼浸蝕、
耐熱耐潮、
傳熱度低的優點。

造型

碗的造型簡單，
分為碗口、碗腹和碗足三部分，
互相連貫，一體成型。

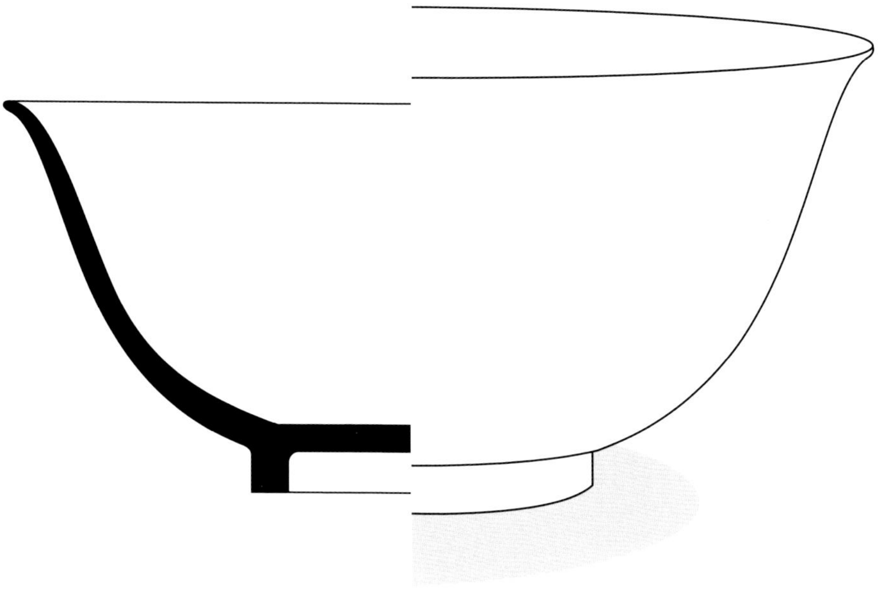

碗口

碗口是碗的開口部分。基本上可以分為撇口、直口、敞口、斂口，以撇口和敞口較為常見。

直口

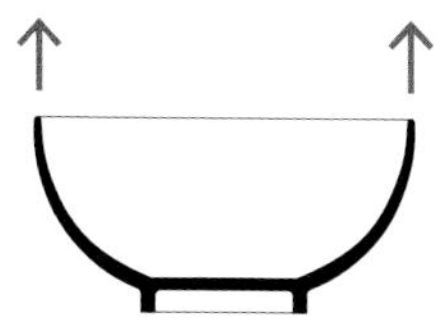

敞口

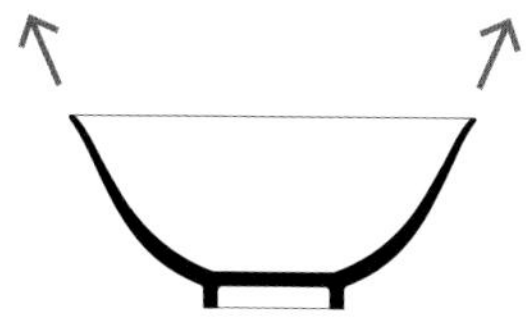

斂口

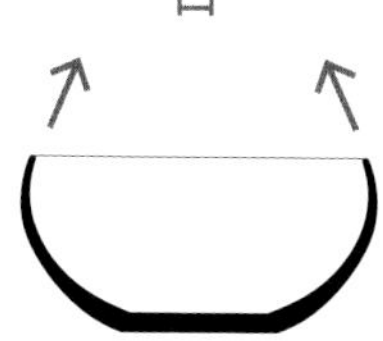

碗腹

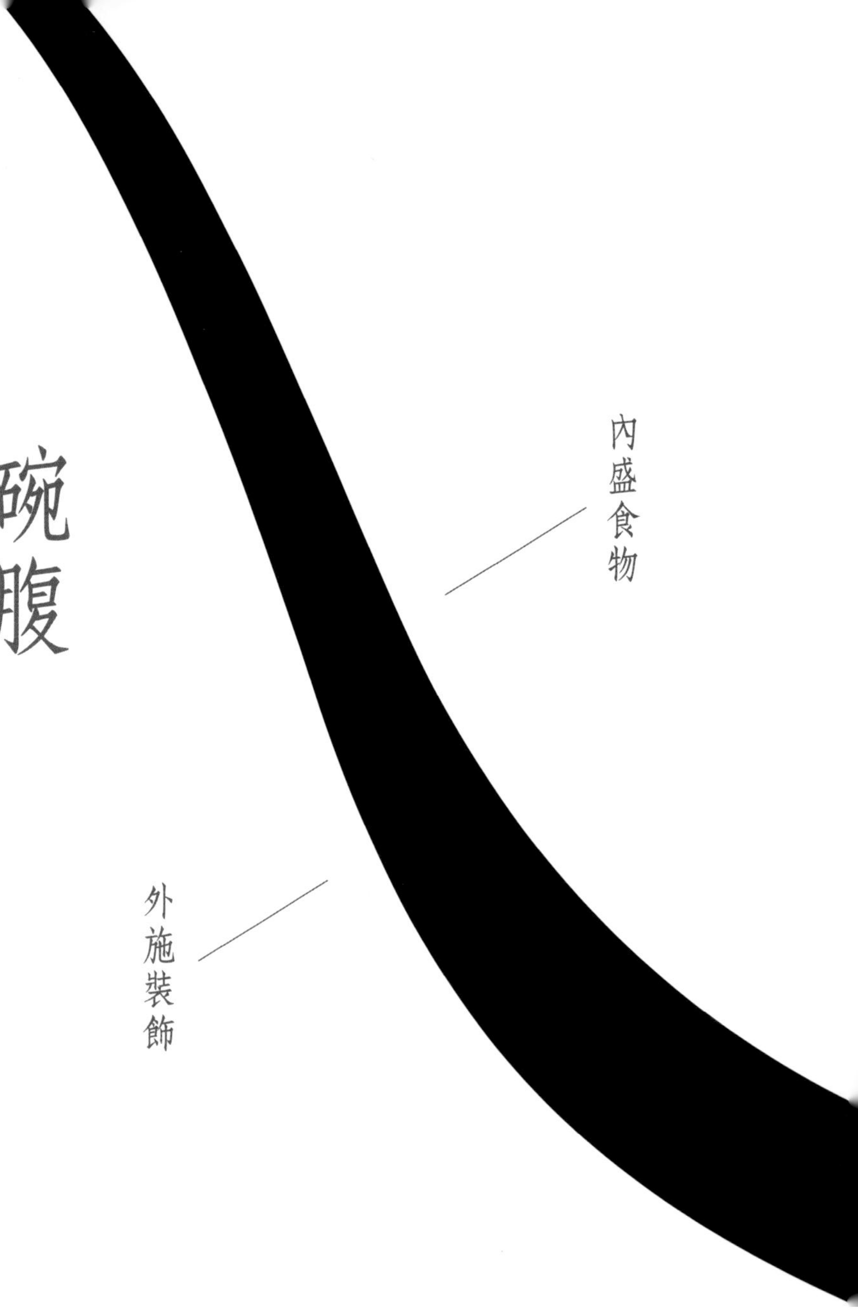

直

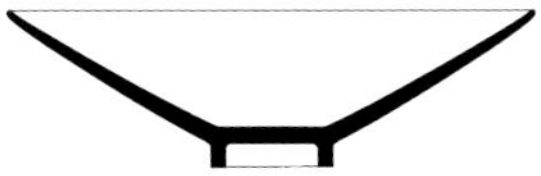

直線為兩點之間最短距離，飲食都特別爽快！碗腹較淺有助食物散熱。

弧

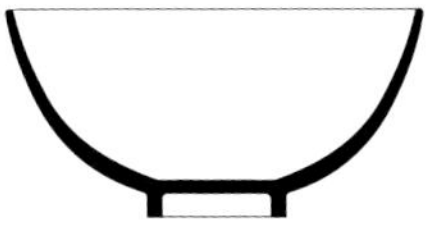

對內增加容量，對外增加表面面積和光影變化，有助裝飾發揮。

折

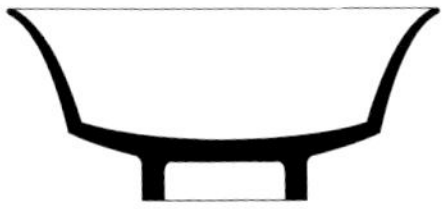

結構上有加固的作用，造型上則加強裝飾效果。

碗足

碗足的形態與製造和應用有關。

為了增加窰燒瓷器的產量，會採用疊燒的方式，碗足可以隔開每件瓷器，以防成品黏結。在應用上，碗足有隔熱的效果，亦讓疊在一起的碗更易分開取出。

高圈足

造型與古代器皿「豆」相似。高足器皿提升食物，方便席地使用，又方便單手把握，亦常用於祭祀。

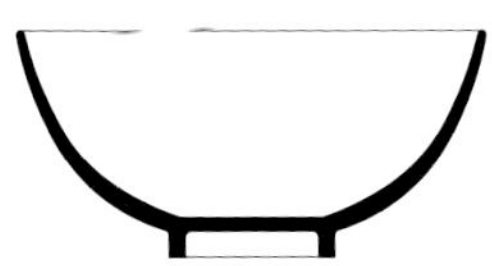

圈足

升高碗身，應用時更易握穩，亦方便施釉描繪時把握。

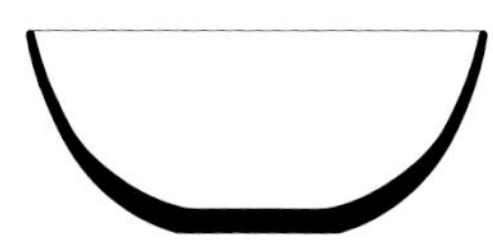

平底

相比圈足，製作上更簡單。

造型簡單的碗，
千變萬化的可能……

基本形態

北宋天青釉汝瓷碗

幾何

清雍正天藍釉釉裡紅葡萄紋十方碗

樸素

宋黑釉兔毫紋碗

像雕塑

宋龍泉窰蓋碗

像畫紙

洪憲居仁堂粉彩梅鵲紋碗

輕盈

北宋定窰白釉
印花纏枝海石榴紋笠式碗

這碗形態似是翻轉的斗笠，因而得名。中國在宋代出現覆燒技術，以碗口支撐，有利廣口小足的瓷器不易變形。覆燒瓷器的碗口不施釉，名為「芒口」，口沿鑲嵌一圈銅釦作為保護和裝飾。

淺腹碗比較容易看到碗裡，裝飾亦常見於內壁。

斗笠

隆重

元紅釉印花雲龍紋高足碗

細緻

宋紫定盞托

華麗

五代秘色瓷蓮花碗

分為碗身和盞托兩部分，均飾淺浮雕重瓣蓮花紋，猶如盛放的蓮花，釉色溫潤如玉，非常華麗。

裝飾

明嘉靖醬釉碗

明弘治黃釉碗

明嘉靖外東青裡回青釉劃花雲龍紋碗

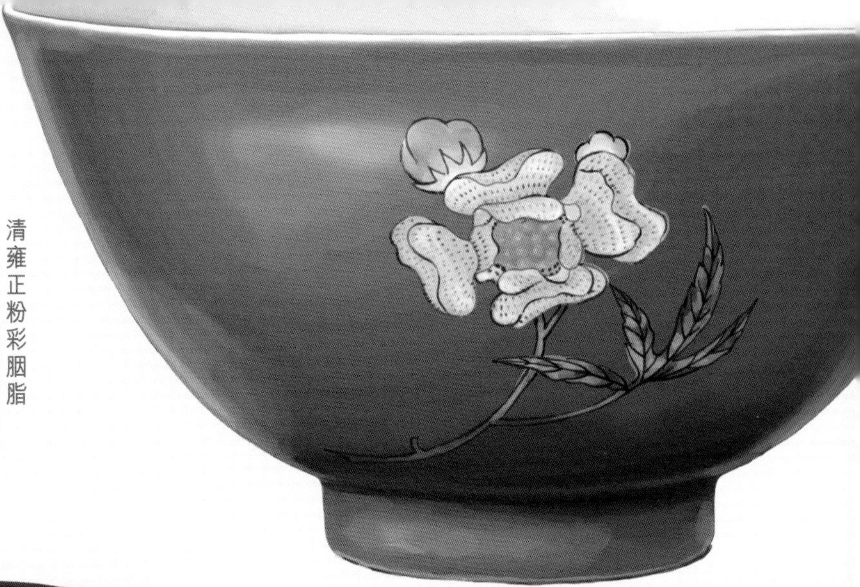

清雍正粉彩胭脂紫地花蝶紋碗

明嘉靖霽藍釉碗

釉色奪目

明正德孔雀綠釉碗

清光緒葱綠釉碗

晚清皇家樣式

梔子桃花侈口大碗圖樣

多子吉祥

明成化青花嬰戲圖碗

長壽

來自清康熙五彩鶴壽紋碗

飛鶴口銜金籌

清雍正琺瑯彩黃地梅花圖碗

嬌美

鳳
菊花
牡丹
蓮花
鳳

如白玉隱起

南宋至元青白瓷印花雙鳳紋碗

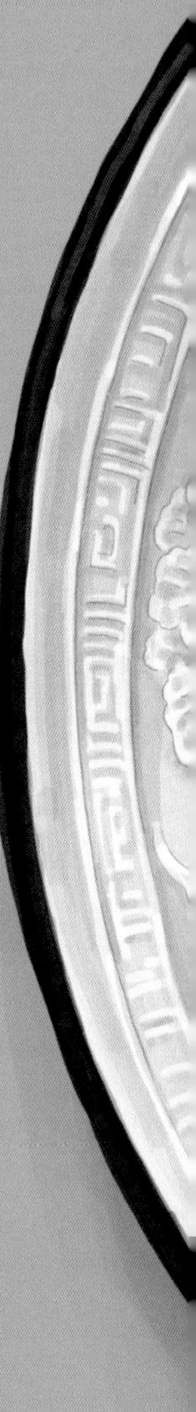

金碧輝煌

唐鴛鴦瓣紋金碗

金屬碗相對陶瓷輕，也不易跌破，適合遊牧生活，碗上的紋飾也充滿野外趣味。

團圓

碗看上去仿似是讓人獨享佳餚，其實是共食的器皿。

每人一碗

是為團圓

百姓家

南方流行一種公雞碗，碗口特大，可連飯菜享用，又可當飲器，家中田間皆適用。

米通碗

家庭日常應用，碗坯上打孔再上釉，造成透光效果，很有心思。

皇家

傳說明代開國皇帝朱元璋，
曾出家托缽行乞……

碗綜合各種器皿的功能，所以當一無所有，只要有一隻碗便可。身份愈是莊重富貴，其所用器皿的功能愈是分工細緻，隨時可以分出一朝禮器。最高級的工藝，亦借碗來發揮。

嵌紅寶石桃形鈕
蓮瓣紋
花瓣鍍金緣
塔形蓋
紅寶石花瓣
纏枝蓮
金托花蕊
嵌硝石
鼓形碗托
圓形盤
喇叭形高足

富麗堂皇

清乾隆銀胎綠琺瑯嵌寶石靶碗

這碗為乾隆四十五年（1780）乾隆皇帝七十壽辰，西藏班禪六世敬獻的壽禮。運用了錘鍱、鑲嵌、琺瑯、鍍金等多種工藝，技術精湛，材料珍貴。

清同治黃地粉彩百蝶紋蓋碗

成對

更多碗的紋飾請參考《幸福的碗》

破碗

瓦器很中國，破了也可將就用，這邊缺了用那邊，破得厲害用來刮芋藕。

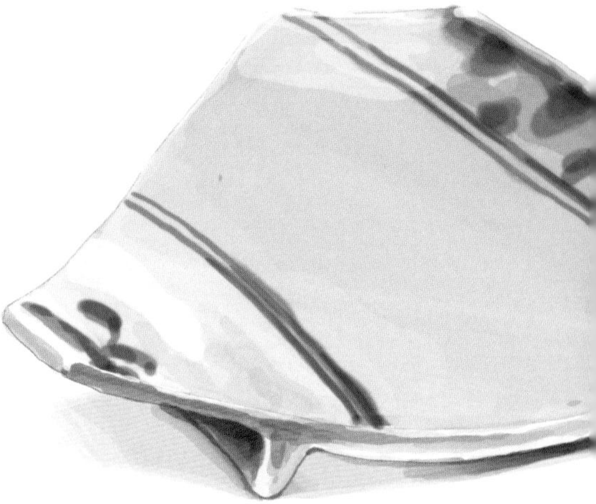

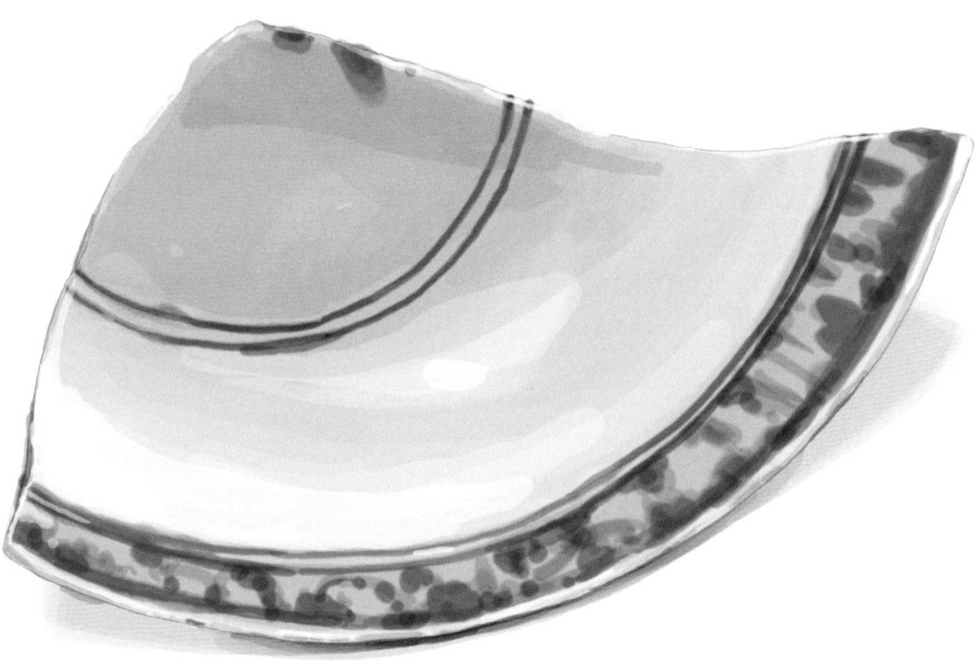

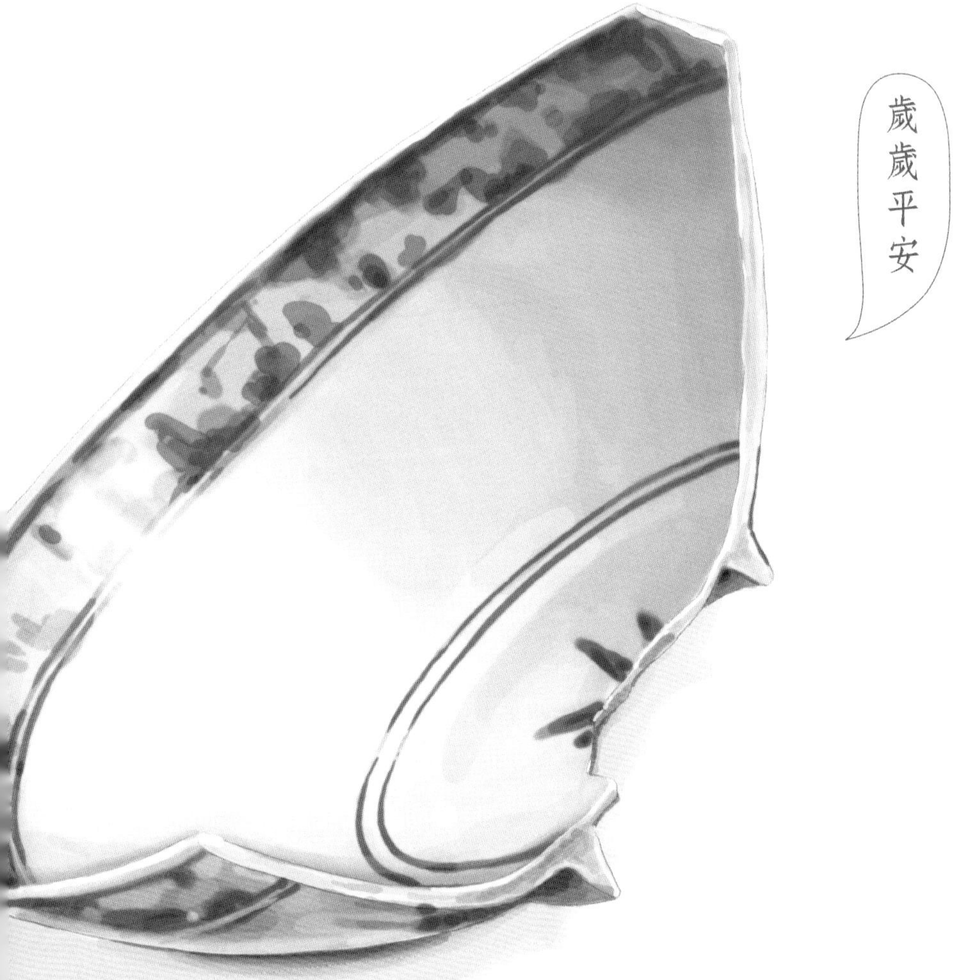
歲歲平安

重圓

鋦缸、鋦碗是過往修理陶瓷器的手工業，修補時在裂縫兩邊拉弓鑽眼，釘上用銅絲或鉛絲製成的小鋦子，再抹上石灰泥。

鋦缸匠
拉弓鑽眼

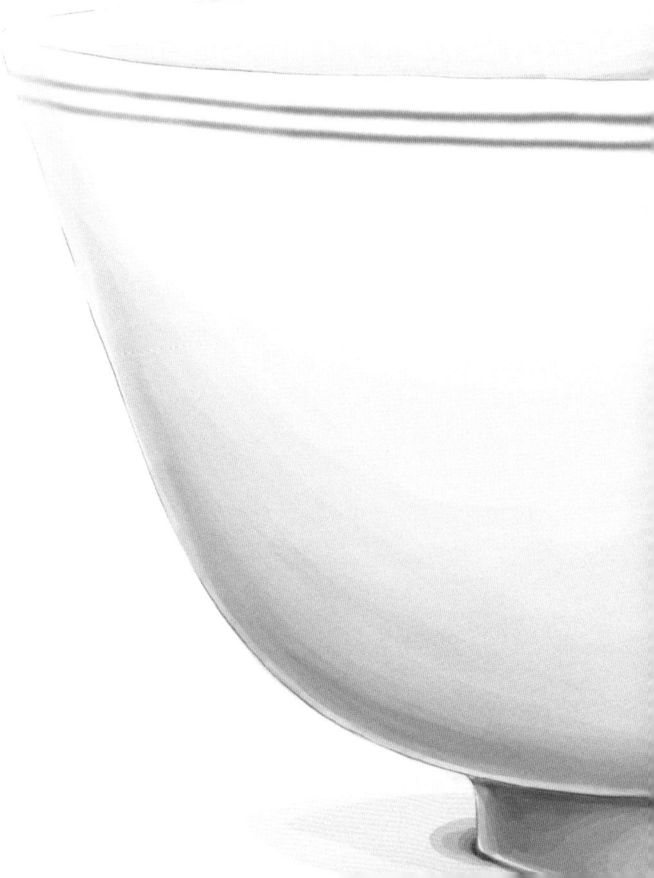

碗作為盛器，每個民族都有，談不上罕有，碗加上筷就很不同，一選擇，一包容，從進食禮儀到料理形式都不再一樣，情況猶如紙和筆，兩者倘若遇不上，中國人的詩書畫到印刷都要改寫……

【卷下】

筷筷

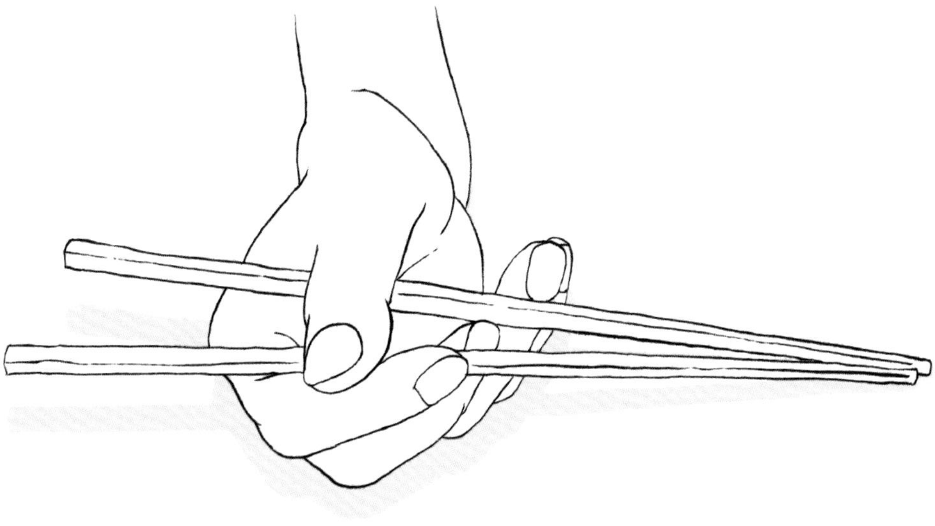

傳奇

民間傳說：

商代紂王很難服侍，吃東西又要美味又嫌燙，很多廚子因而白白送命。妲己靈巧，以髮上玉簪夾菜，緩衝溫度，贏得君王寵愛，世上於是出現了玉筷。這麼好的東西，居然是妲己發明。

另一方面，紂王也令巧匠用珍貴的象牙造筷子，上面雕鏤精美絕倫龍鳳，滿朝眾口交譽，逗得妲己非常開心。紂王與妲己從此吃得更香，象牙筷便傳到今天。

《韓非子》裡記載箕子看到帝辛（就是紂王）吃東西時用象牙筷子，即作出以下的推理：本來樸素的帝辛一旦用那麼好的筷子，自然就配備名貴的「犀玉之杯」，食物就少不得「旄象豹胎」，穿必「錦衣九重」、住要「廣室高台」……的奢侈連鎖效應。

果不然，一雙象牙筷夾着「窮奢極侈」，商代亡掉。留下成語：「見微知著」便是說這故事。

筷子也有勤快的一面：傳說大禹治水，三過家門而不入，為了趕急夾取熱滾湯中的食物，於是折樹枝為箸。

大禹

名字

箸

櫡

竹木製、煮具

古代筷子稱為「箸」或「櫡」，可見筷子最初多為竹、木製。古代「者」與「煮」相通，專家認為筷子的出現，起初是為了攪動陶釜裡正在烹煮的食物，以免焦糊。今天中國某些方言依然稱筷子為「箸」，日文中「筷子」的漢字亦是。

筯

出現於漢代，「箸」與「筯」同音通用。

筴
梜
梜提

夾取工具

相對「箸」較少見於古籍。名字集中在夾取的動作上。漢《禮記・曲禮上》：「羹之有菜者用梜，其無菜者不用梜。」

快兒
快子
筷子

口彩吉利

據説明代南方吳越舟行諱「住」或「蛀」（與「箸」同音），所以改箸為「快」，後來加上竹部首為「筷」，直到今天。也衍生出「筷子筷子，快生貴子」的吉祥語。

東漢畫像磚《宴飲圖》

筷子

由攪動烹煮中食物的煮具，發展至夾取食物的食具。

先秦時期，箸用於夾菜，飯是用手抓食的。《禮記．曲禮上》：「飯黍毋以箸。」（食飯不用箸）到戰國晚期，開始減少用手抓食的習慣。至東漢，畫像磚《宴飲圖》中的古人相信已經如今人般使用碗筷。

應用

筷子

令食物變細（切丁、切絲、切片）來配合，快熟入味。

東漢綠釉陶廚俑

兩枝小棍子

筷不是一枝小棍子

而是兩枝小棍子

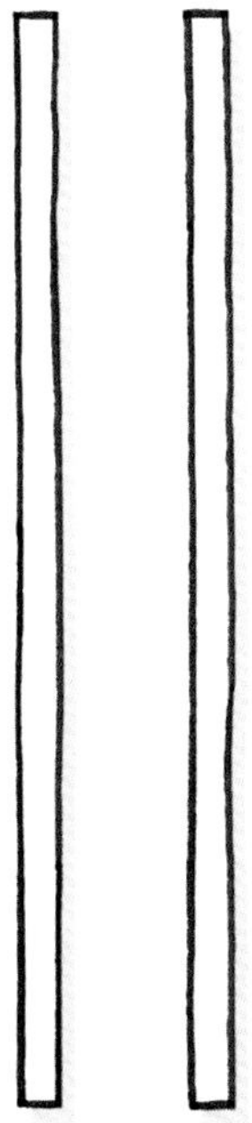

英語

Chop + stick = Chopsticks

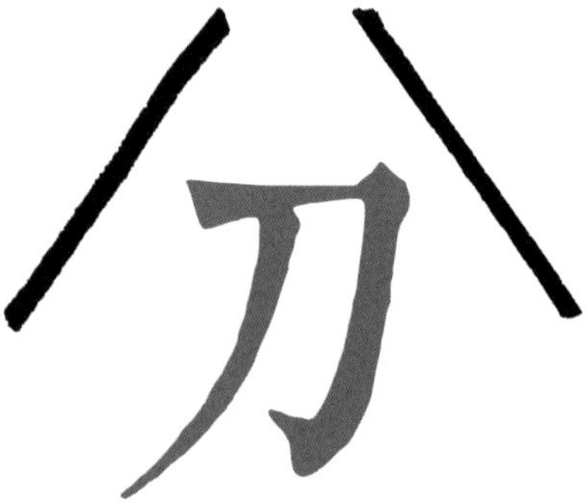

用刀一斫，便分。

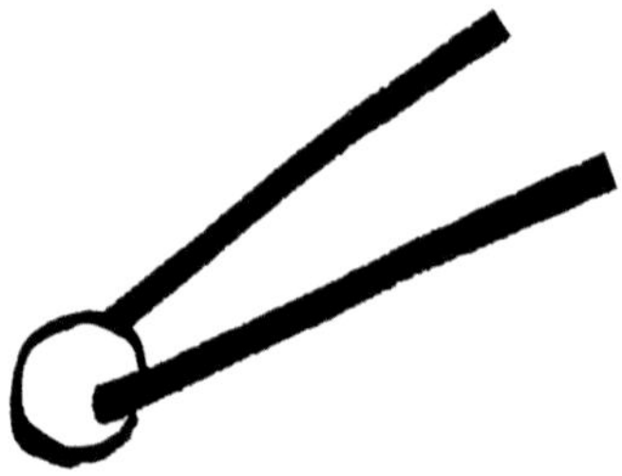

分開來穩夾一件

拿着的碗，不用說，當是 china！

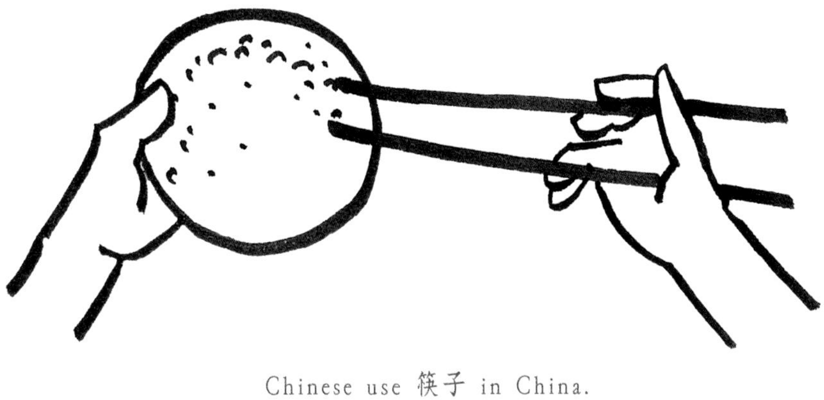

Chinese use 筷子 in China.

文法

在找到最恰當的詞彙來
形容碗筷之間的關係前，
且看一下這個：

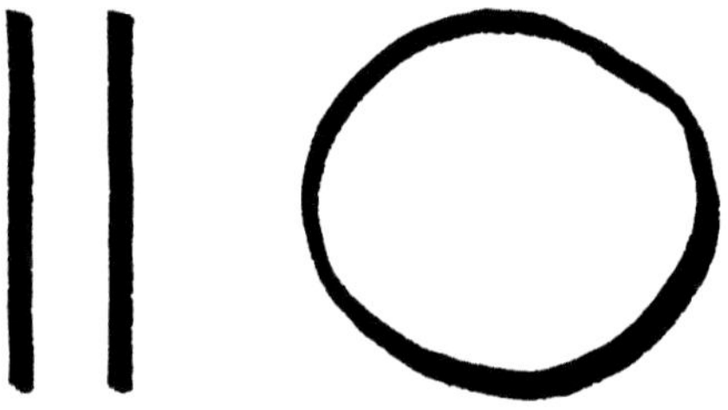

○和‖可以說是最簡單的
器物元素，發展出一個龐大且複雜
的中國料理兼倫理系統，乃至人生。

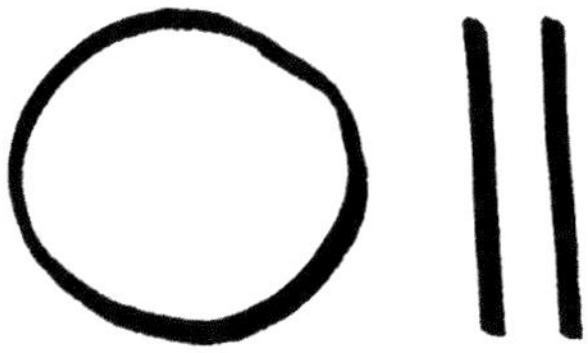

最簡單的料理兼倫理系統文法

兩個人並排坐

左撇子

胡亂來！

這樣的話，刀叉還可以，碗筷就不像話了！

成長

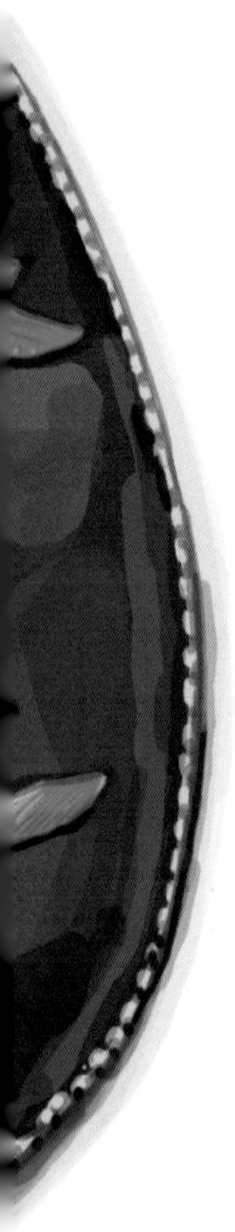

小孩子自行進食的第一件工具應該是匙羹（杓子），基本上是自個兒進食階段，在餐桌上出現，首先主要是從屬母親（媽媽邊吃邊餵寶寶）。有時甚至會坐在一旁圍着圍嘴（南方叫「口水肩」，小孩子沒啥可吃，流口水；有啥可吃，更流口水）自流自給。

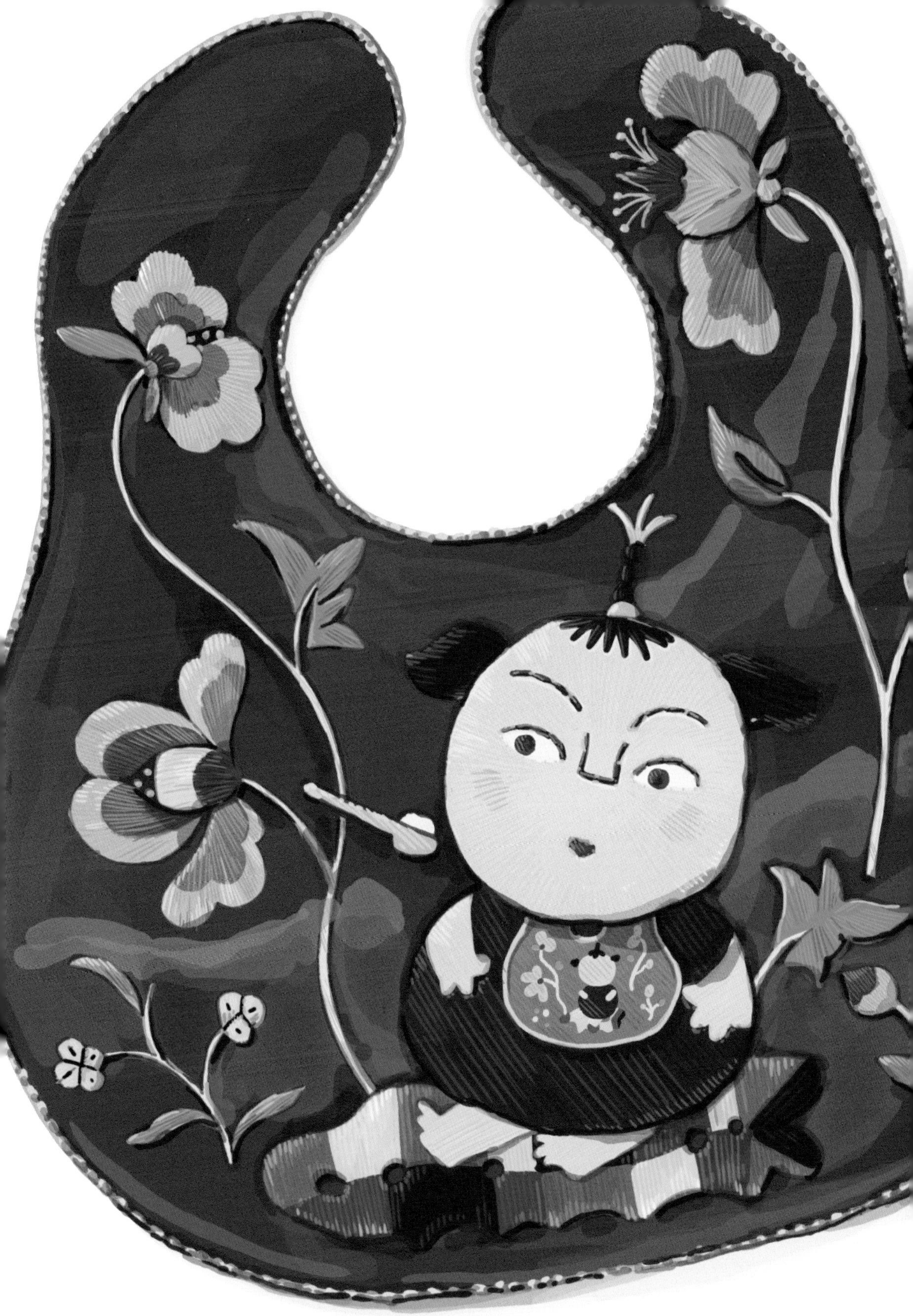

好難學
好美味

估計小孩子開始自己行路（向目標進發）後便可開始用筷子（向食物進發），意味着可以有限度參與整個家庭的共食活動。

筷子無疑是上天精心的安排，在中國，是兒童在脫離爬行的階段、舉步走向人生的裝備。之前是媽媽張羅，將食物、味道組合成為記憶和參考；之後便是孩子以一雙筷子來學習調整、連結眼看、手夾、咀嚼……加上各種撒嬌、撒野等等成長的必需技術。

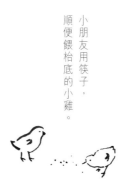

小朋友用筷子，順便餵枱底的小雞。

距離

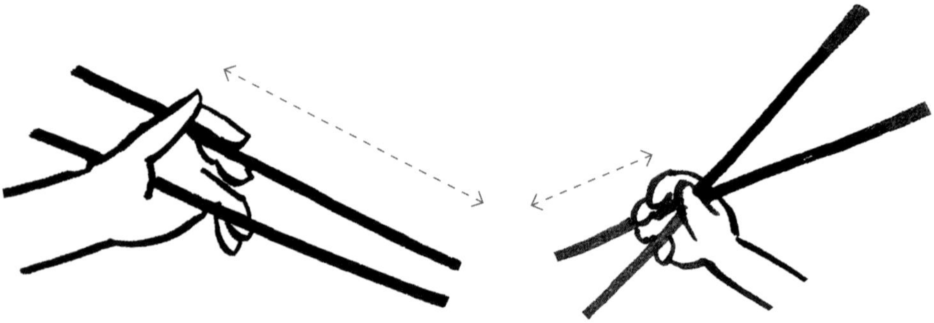

小孩子學用筷子由低至高，限制夾菜、爭食範圍。

換言之，小孩子在曉得用雙腿走路之後，便得在餐桌上以雙筷在另一路上開始爬行。

估計小孩子三歲開始拿起筷子，沒敢包他十歲時已運用自如，算起來比學習運用毛筆的時間還要長。當然，毛筆用不着對付粥粉麵飯。

範圍

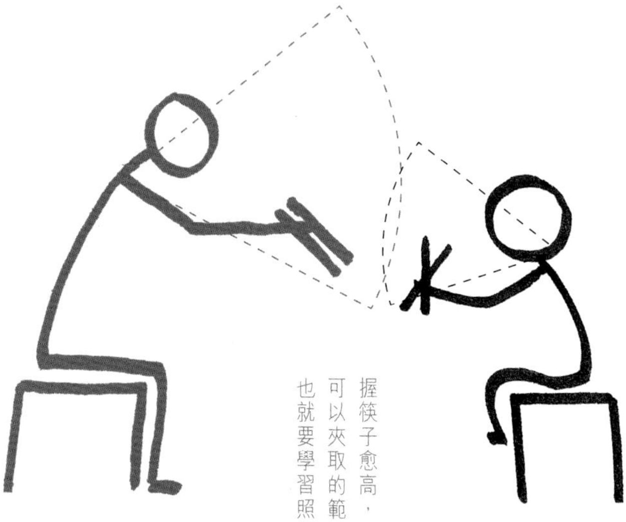

握筷子愈高，可以夾取的範圍愈大，也就要學習照顧其他人。

佛洛依德以小孩子如何處理第一件私產（便盆、痰盂）來分析人類性格的原型。中國人有一種叫「抓周」的習俗，讓滿周歲的孩子在佈置好的物件中抓個彩頭，預示將來一生的方向。要不然，也許便是一雙筷子。

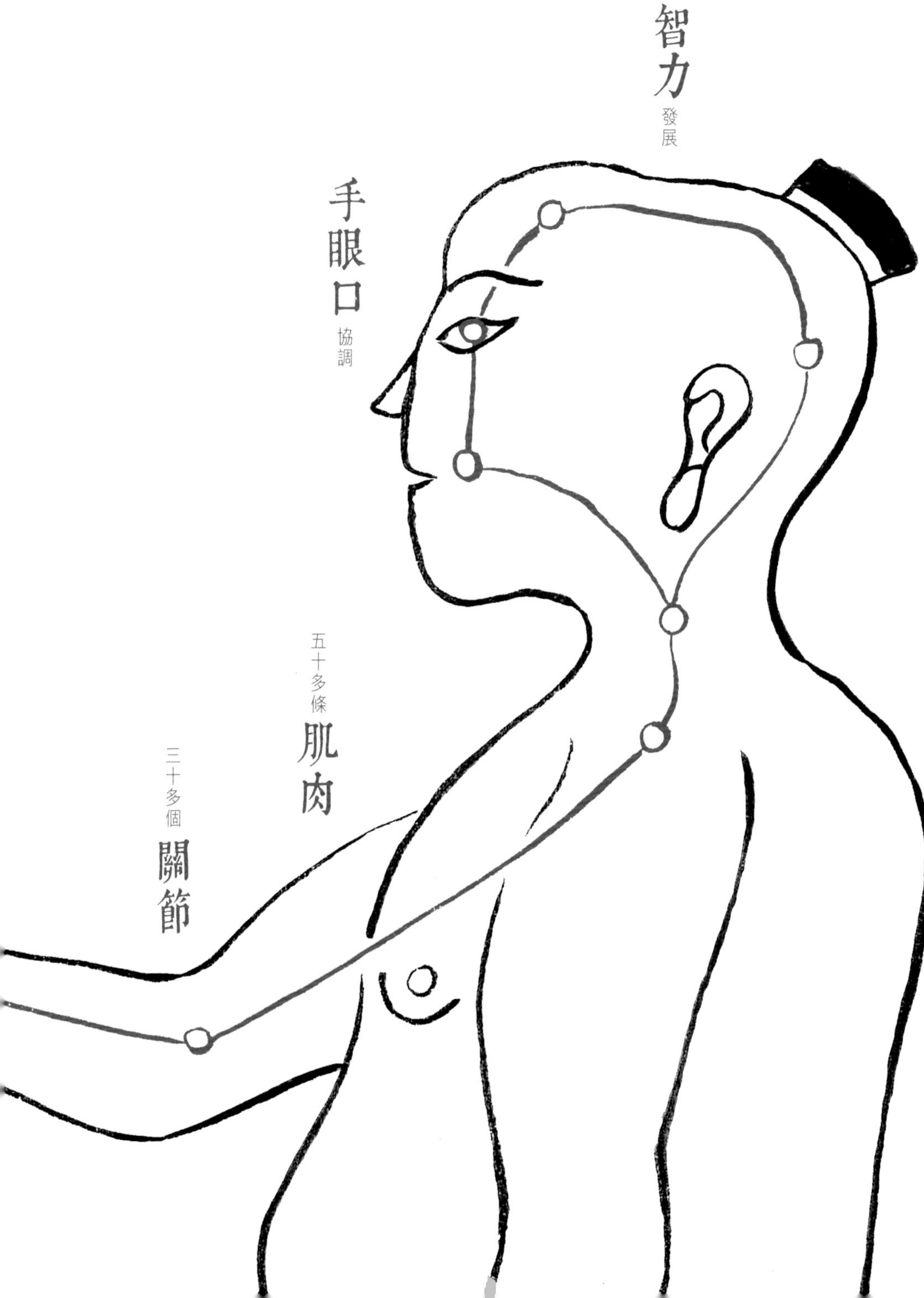
智力
發展
手眼口
協調
五十多條
肌肉
三十多個
關節

筷子能誘發手部複雜而精細的動作，以及手眼口的協調能力。牽涉肩部、胳膊、手掌、手指等三十多個大小關節和五十多條肌肉的運動。

科學研究指出，人的大腦皮質和手指相關的神經所佔面積最廣泛，大拇指運動區相當於大腿運動區的十倍，可見手和大腦有千絲萬縷的聯繫。乒乓球是中國國技實在不無道理。

人腦功能的發育，在三、四歲時，會達到最理想的狀態。此時期學用筷子，對智力發展有極大的幫助。

在接着幾年裡逐漸體會飯桌上的各種進食須知，包括一切非常複雜的中國文化倫理部分。小孩子不知不覺地學懂用筷子，不知不覺地長大……

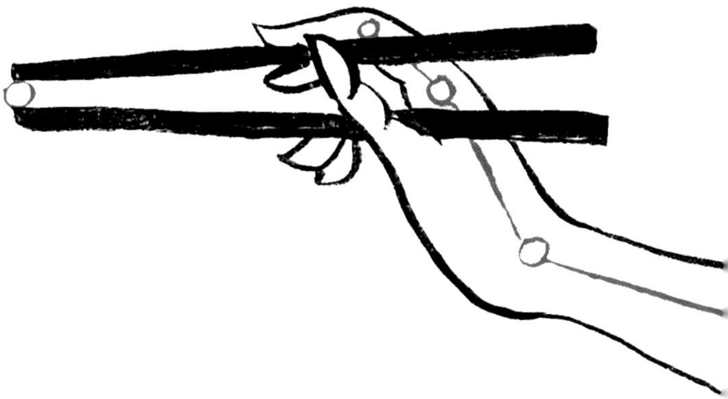

設計

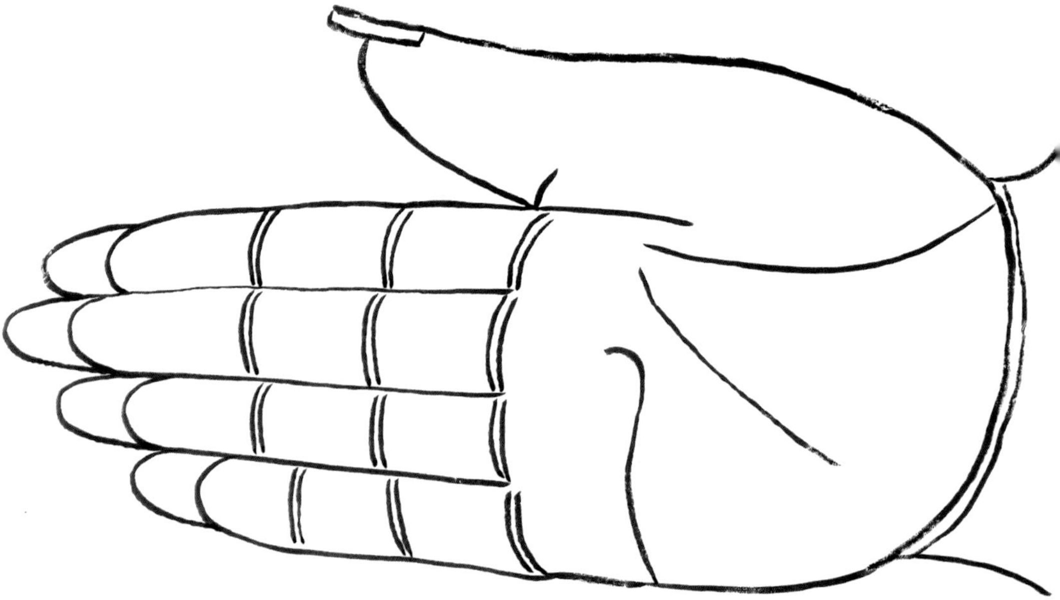

筷子其中一個部件是我們的手，
否則兩根棍子不可能成為筷子。

長度

筷子的長度是既可以布施，又可以自私的工具。

出土的古筷長度不一，宋代的「家具革命」，八仙桌、高足坐具問世，家庭團圓共食成為普遍習慣。整魚、全雞等料理隨之高度發揮。筷子長度配合家具、理學、料理之學一起定下來。不打算佈菜，筷子的長度就沒有必要保留（像日式分食，筷子僅如稍長的手指）。長度若是保留，佈菜的關懷理不應失。這是咱們筷子的倫理記憶。公筷基於衛生出現，來不及適應難免公器私用。

方圓

筷子造型不外是兩根小棍子，樸素的頭尾等粗，講究的頭部較小，再講究些的是頭圓尾方。堅持用筷子，方圓也賦予哲學上的意義，如同其他傳統中國器物般呼應天地。

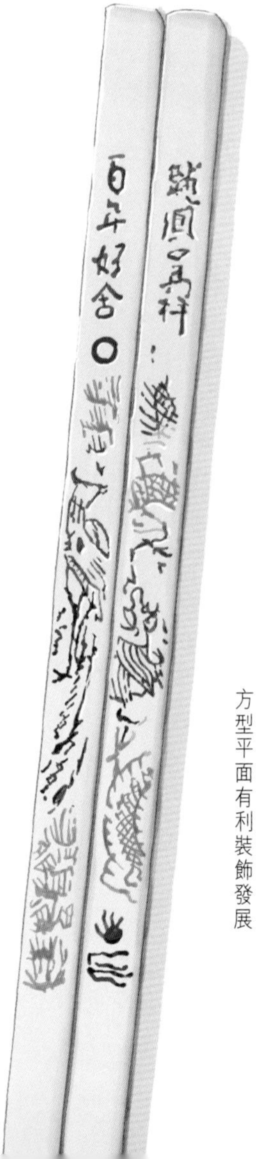

方型平面有利裝飾發展

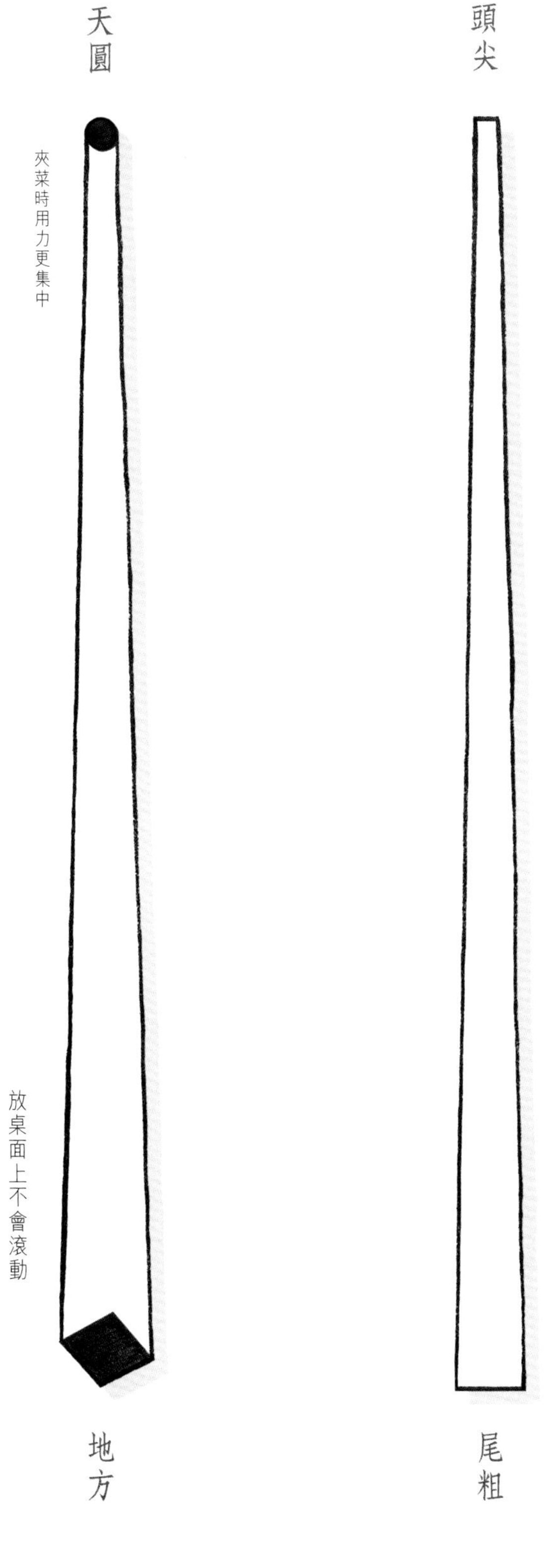
天圓
夾菜時用力更集中
放桌面上不會滾動
地方
頭尖
尾粗

動不動

筷子確實像身體的延伸，筷子的操作與人手屬同一類槓桿，雖然不會省力（所以食物更加要切細），但能夠放大動作。操作時只需要其中一根筷子活動，盡量減少身體不必要的動作。

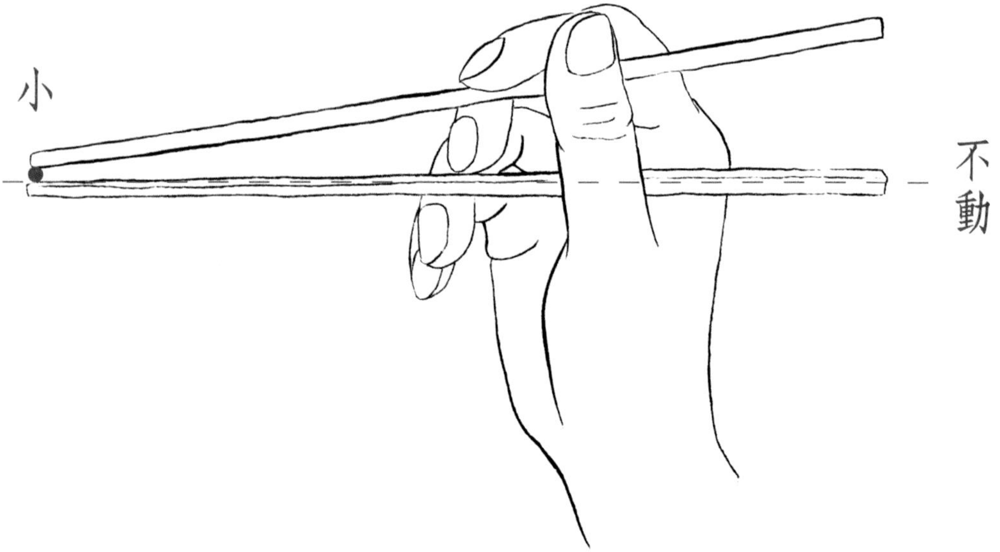

與碗的百搭性質相似，筷子除了夾取，還能撥、挑、扒、撮、剝、戳、撕……某程度上飾演了匙、叉、刀等餐具的角色，粥粉麵飯、小小的青豆、易碎的豆腐都難不到筷子。

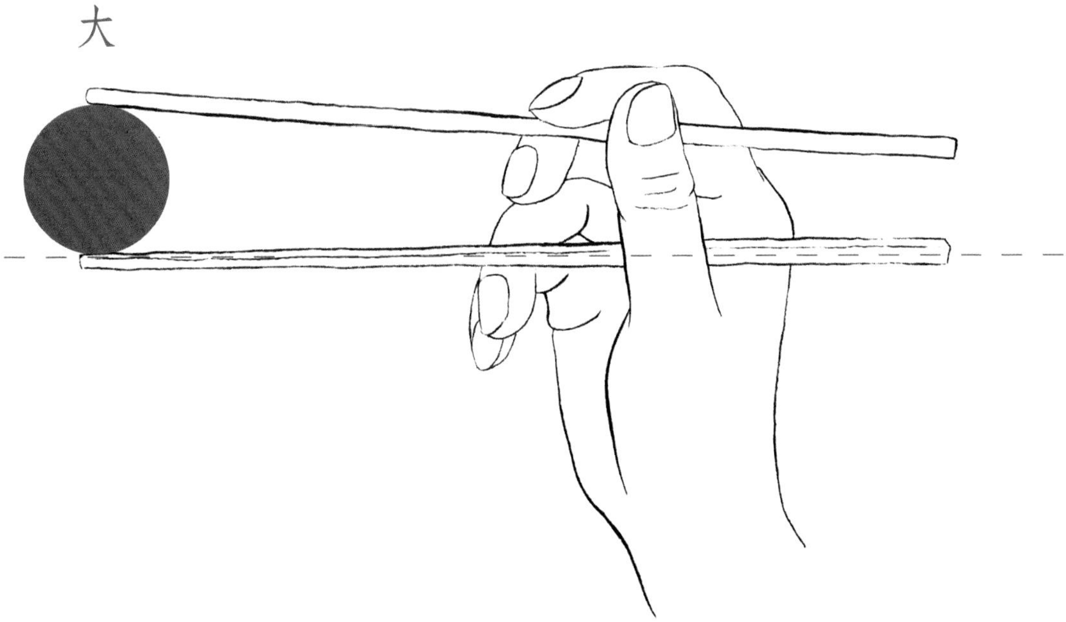

一器多用

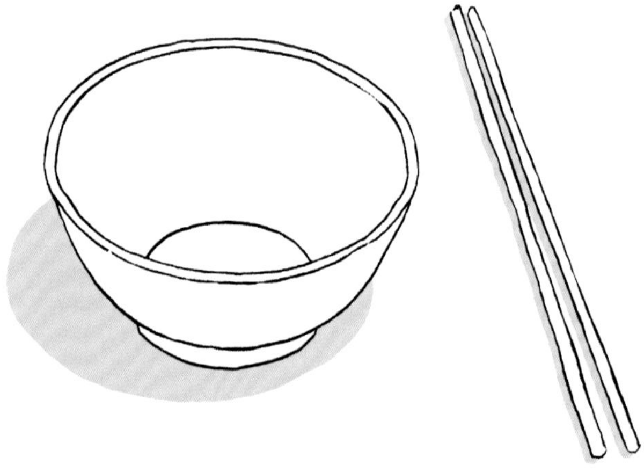

多器一用

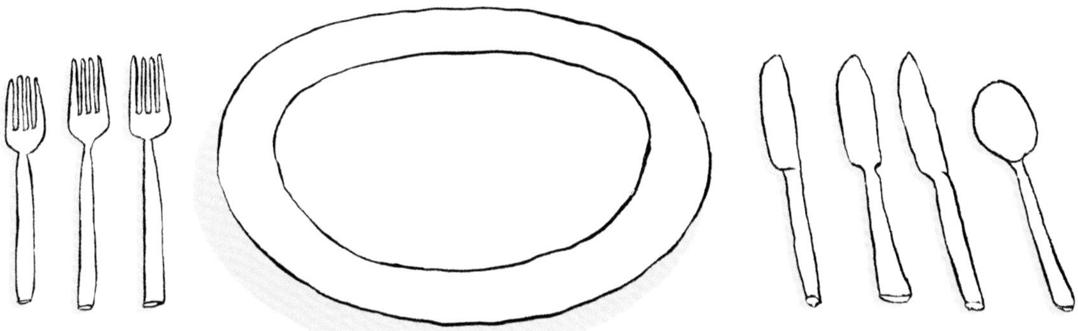

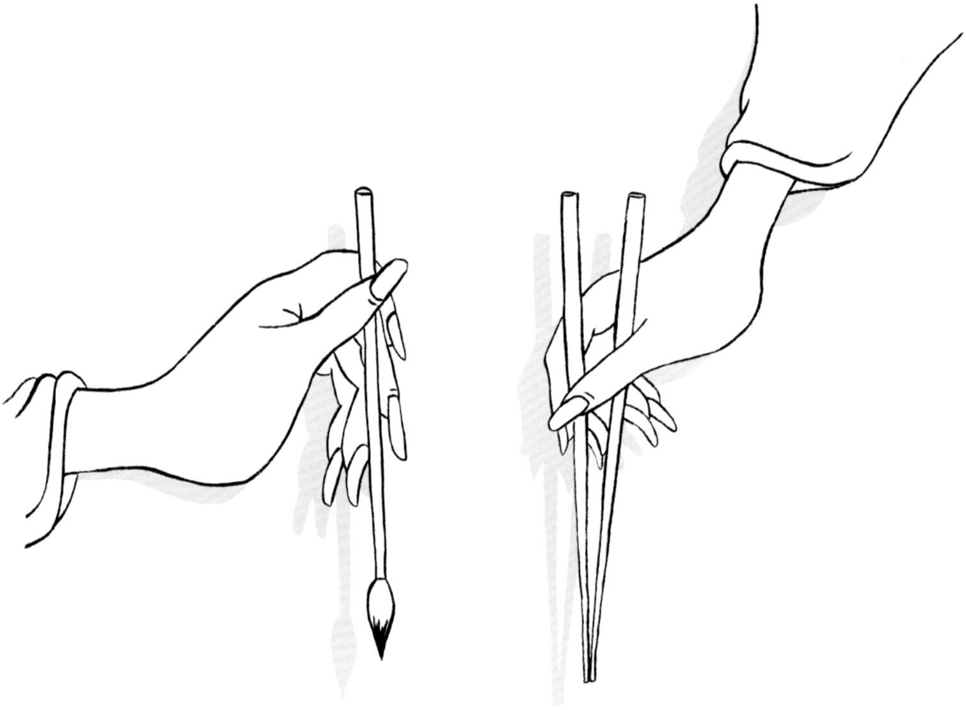

筷子與毛筆

兩種工具都要從小學習，花很長時間才能夾得到菜、寫得出字，之後又要花更長時間學好應該怎樣用。

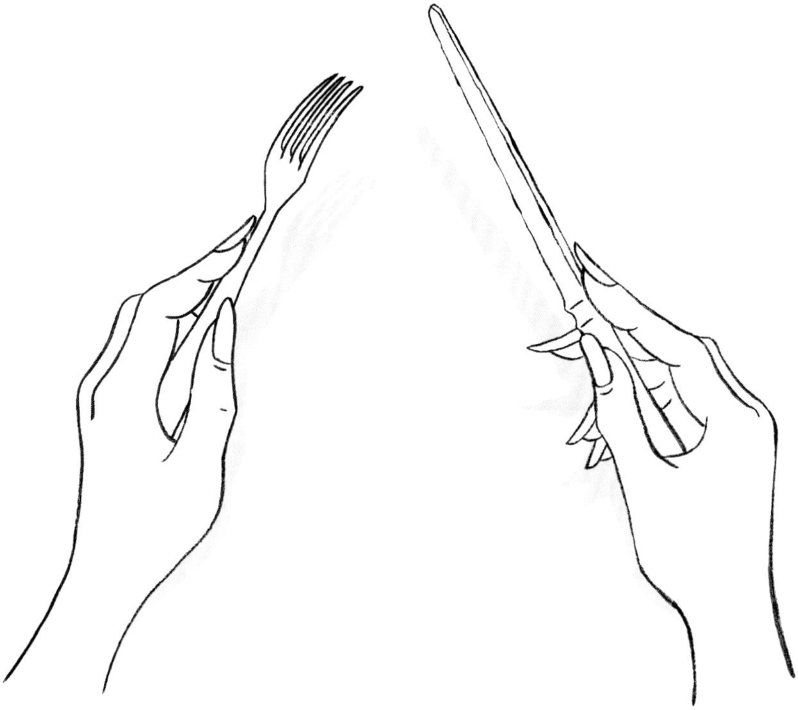

筷子與刀叉

筷子很難學但容易造；刀叉很易用但難造。用筷子可能困難，但洗筷子就很容易。筷子拿着小孩子的手，大人儘可騰出雙手忙別的。

清代皇帝進膳食具
青玉柄金羹匙
乾隆款金胎琺瑯柄鞘刀
青玉鑲赤金筷

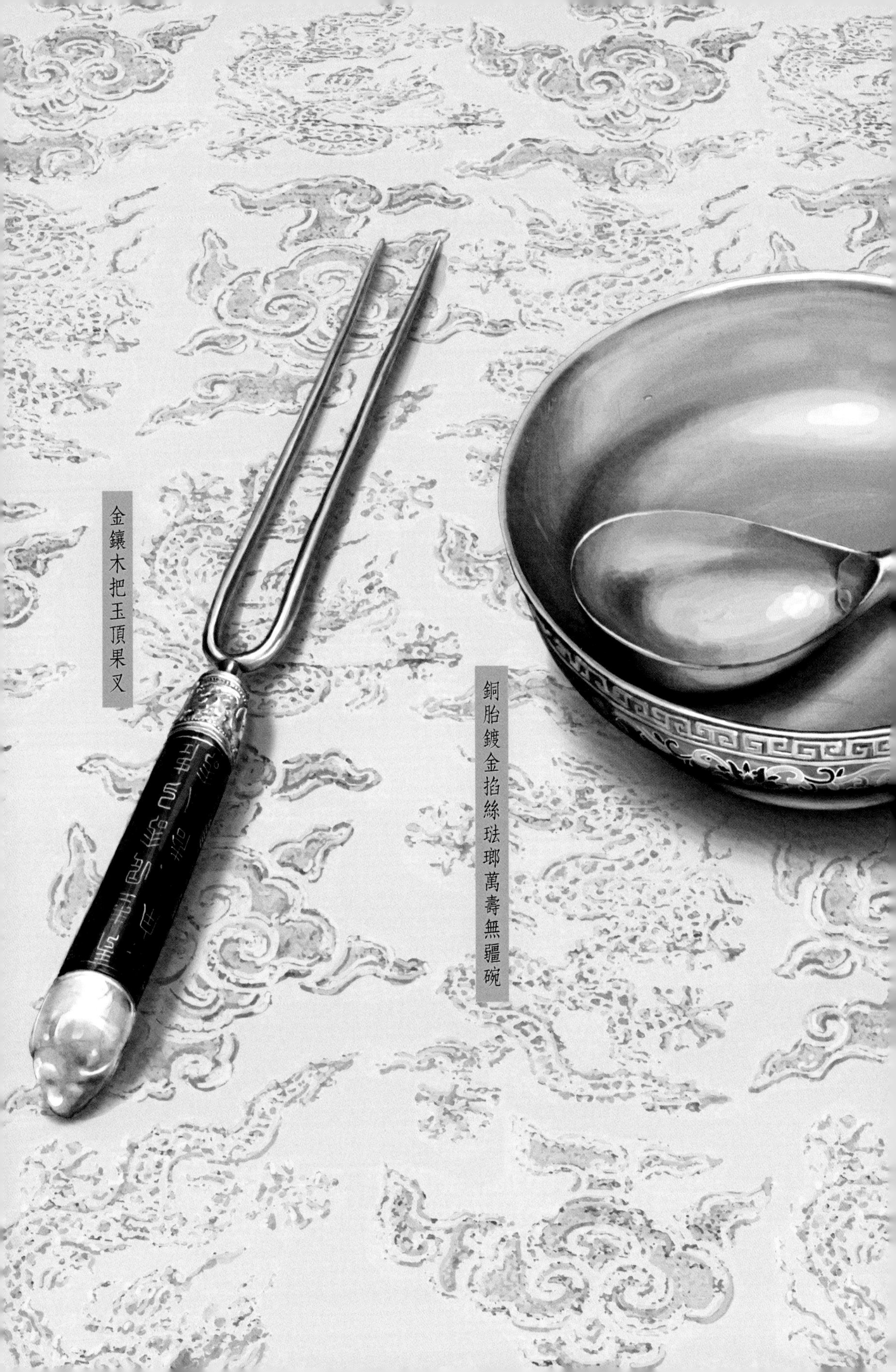

金鑲木把玉頂果叉

銅胎鍍金掐絲琺瑯萬壽無疆碗

限制

筷子反映「愈限制代表愈高級」的文化現象，明明有五隻手指，偏偏要用兩枝筷子。就像慈禧太后那兩筒指甲套，鎖起了兩隻手指。

自由原本就是幸福，可這些限制卻表示比誰都幸福。

在數學上五減二等於三。在身份上，太后展示「一般」+「限制」等於「非常不一般」的公式。

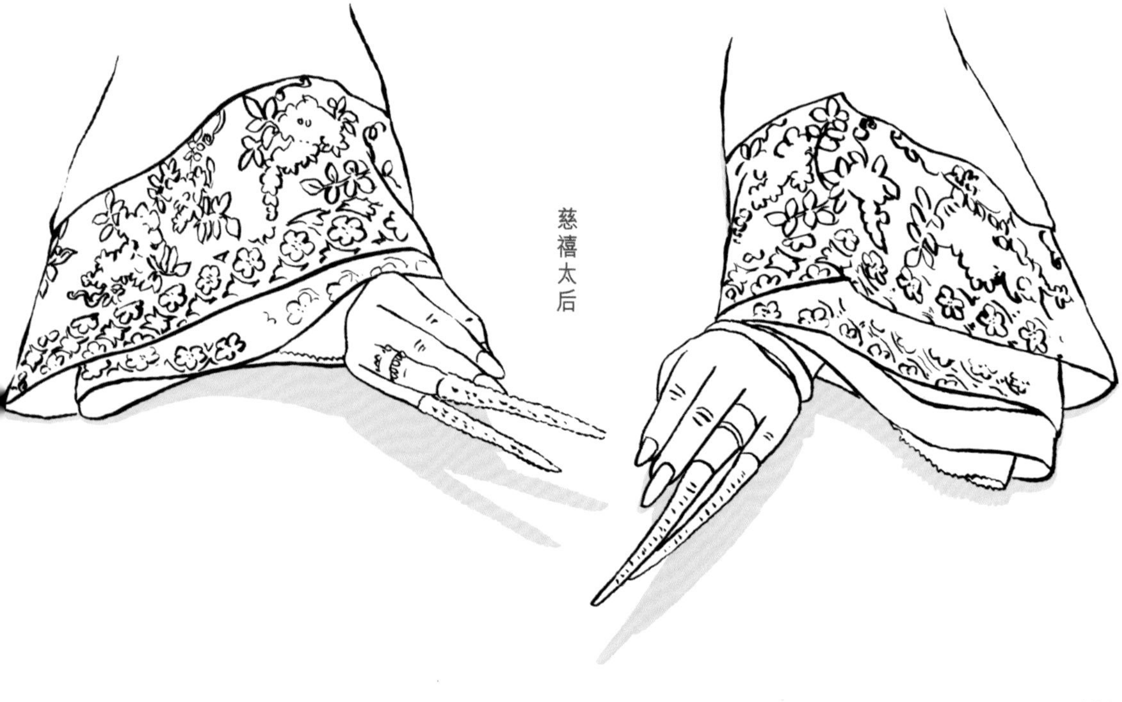

慈禧太后

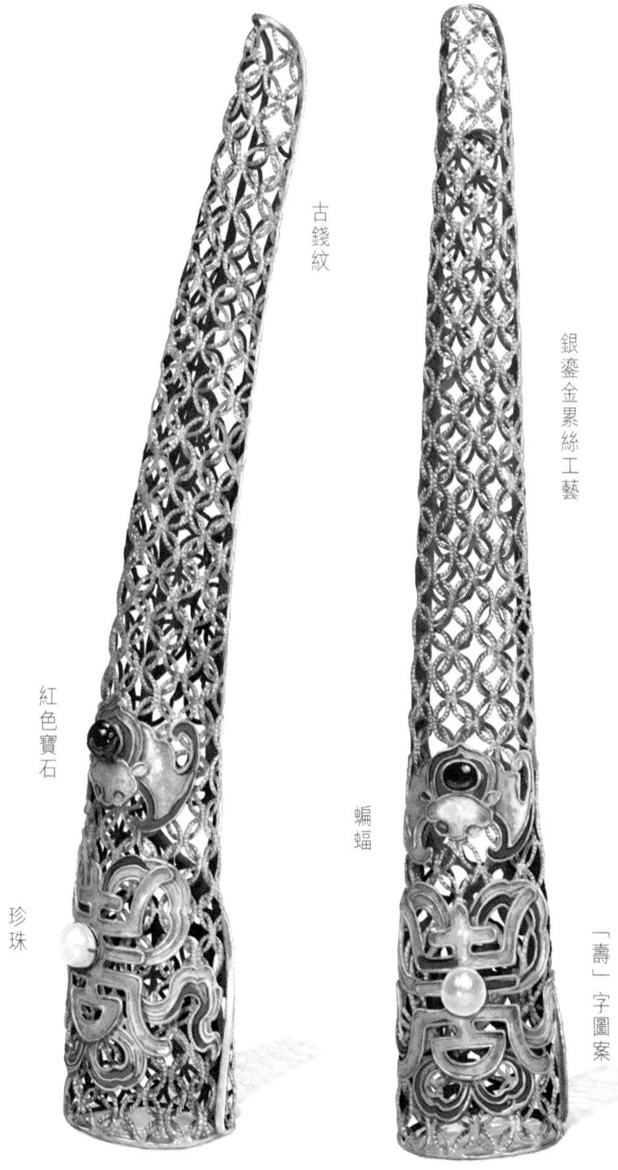

銀鎏金累絲嵌珠石指甲套

滿族女子有蓄甲習俗，以顯手指尖長，需要用指甲套保護。後來甲套成為一種華麗的飾品，也成為旗人訂婚的禮物。這對指甲套為清代后妃所用。

方便

並不一定是唯一目標。

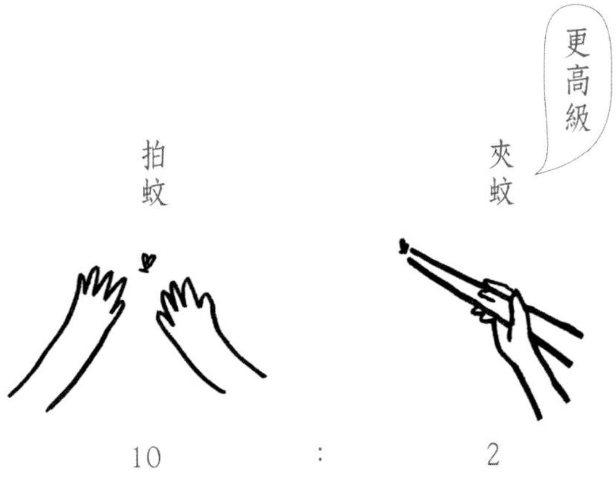

用筷子的人也許不富有，用筷子的文化卻十分高級。

故此，非常不一般的身份在用筷子時便進入一種非常高級的狀態，和非常高級的活動。

真正非常不一般，其實是中國全民天天都用筷子，明明可以一把抓起來，偏偏全國人都選擇限制，都知道不可以隨便吃，工具與飲食結合在一起，用碗筷吃得特別滋味。

筷子既可以樸素

也可以很富貴

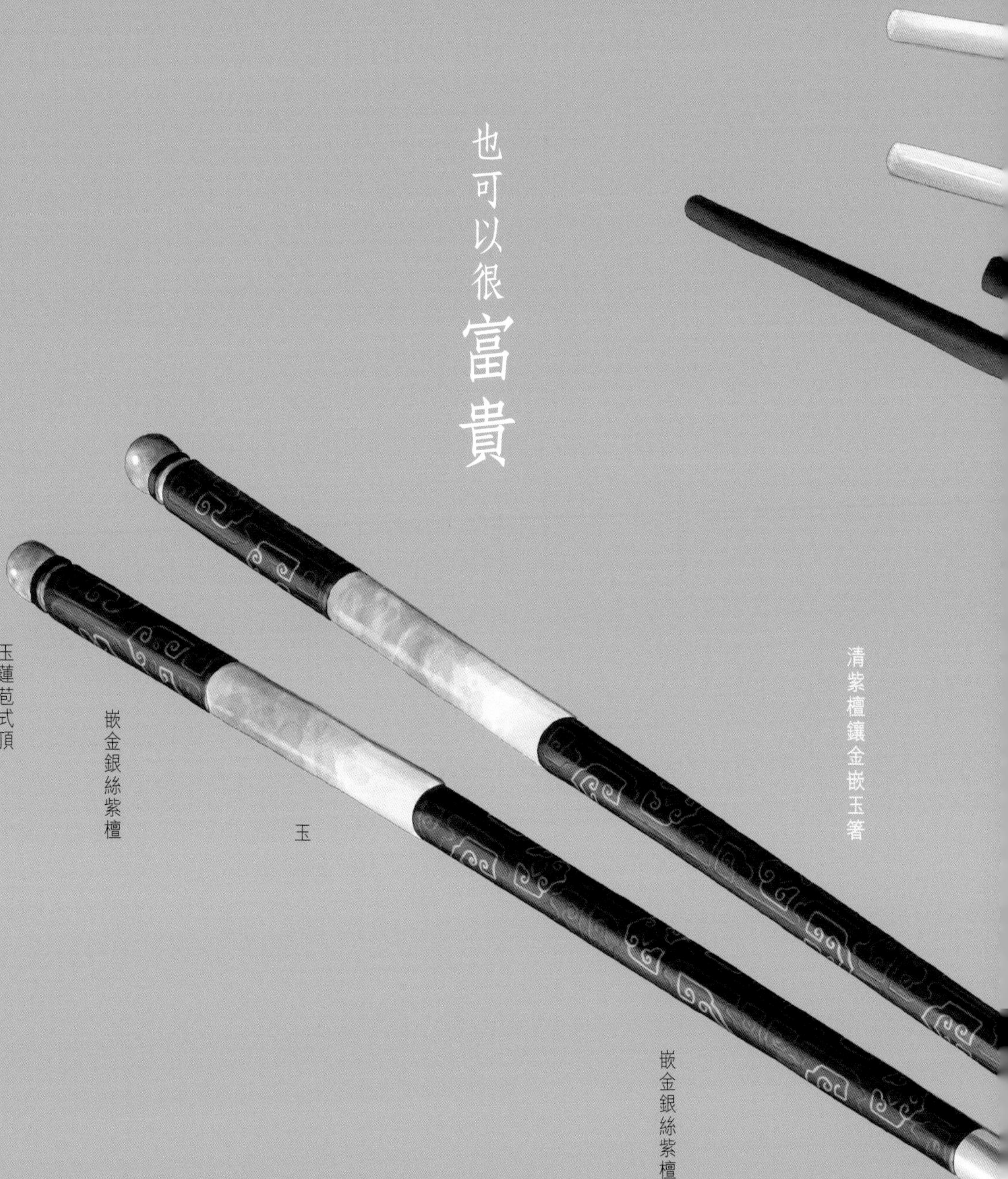

清紫檀鑲金嵌玉箸

禁忌

學用碗筷的過程，就是學「怎樣用？」和「不可以怎樣用？」的過程。之所以有那麼多禁忌，無非是為了學懂尊重食物、尊重共食的人。

敲打

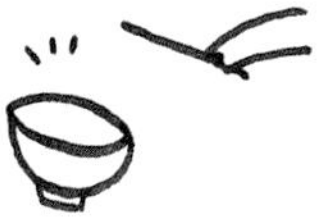

作聲

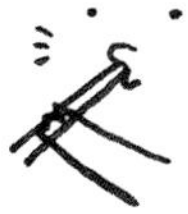

指人

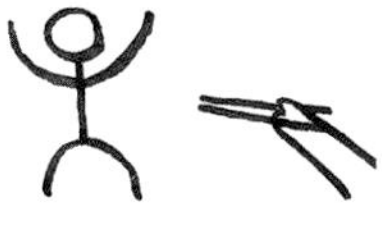

不整

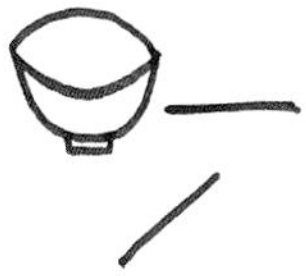

倒用

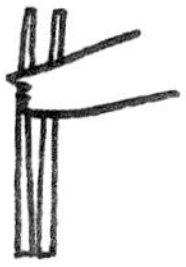

扒拉越盤

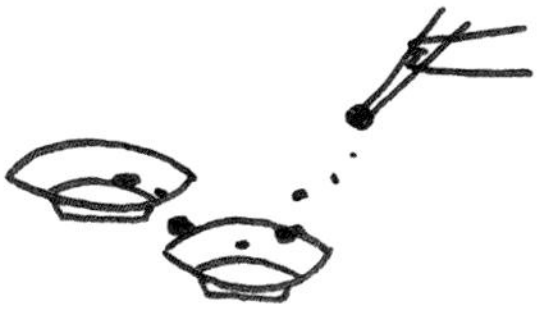

翻天

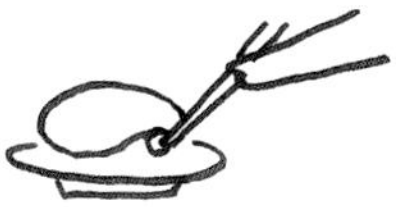

巡行

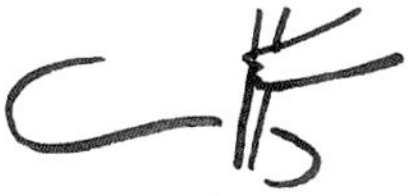

掉筷

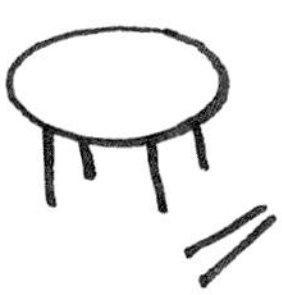

打叉

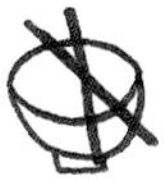

上香

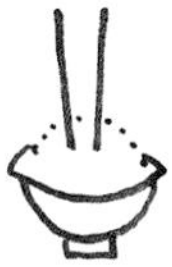

單挑

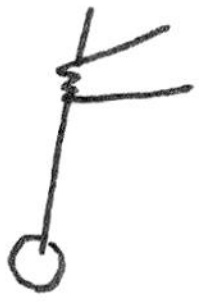

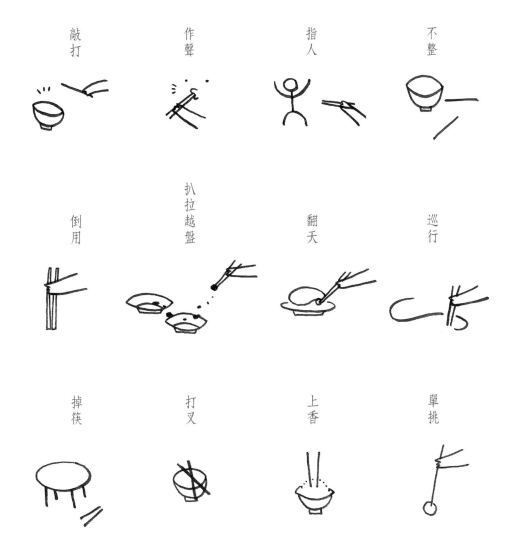

好多年後，垂垂老矣，最初吃飯用杓子，又返回需要被照顧的狀態。所以，應用筷子應該為自己謀食，同時又要顧及他人的人生……

後記

人一直都在努力地將自然調整成為適合自己生活的環境。結果是在積極改變世界時，自己也變得面目全非。

每一件可以長久流傳下來的東西都很了不起，它們不但挺得過時間，而且也記錄着時間。記着最初發現它的因緣、發明它的原因。記着製造它的目的、製造它的過程、製造它的心境，甚至記着製造它的環境和工具。

倘若讓一個古人來到今天，恐怕已不能辨別出我們竟然曾經是他們，但可以肯定的是，這是一個**碗！**

漢《東壁夫婦宴飲圖》

唐《宮樂圖》

北宋《田畯醉歸圖卷》

南宋《春宴圖卷》

沒錯，這是一個碗！

碗何其尋常，古人把雙臂張開（距離叫做「尋」，八尺。）

兩人一起「尋」叫做「常」，一丈六尺，伸手共得。「常」以四手為度，一起尋，不能一個說了算。常識既要有共識，已屬非比尋常之事了。

「尋，舒兩肱也，倍尋，謂之常。」
《小爾雅．廣度》

南方又有流行說法，筷每多為七寸六分長，謂此物雖簡，唯長伴一生，正好嚐盡七情六慾，未知真假，亦饒有深意。

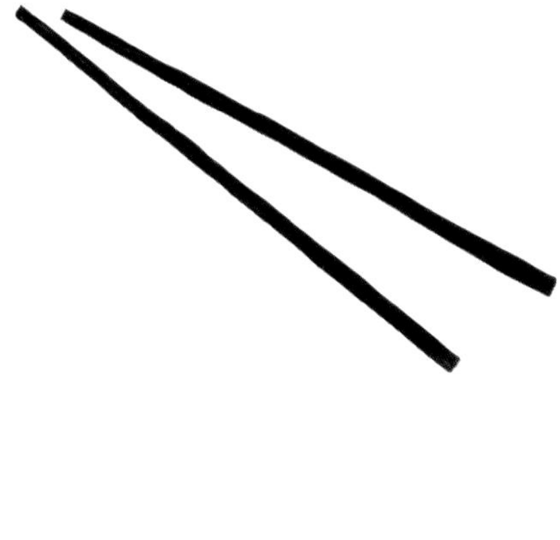

參考資料

專著

《故宮博物院藏文物珍品大系．晉唐瓷器》，李輝柄主編，上海：上海科學技術出版社，香港：商務印書館（香港）有限公司，二〇〇二年。

《故宮博物院藏文物珍品大系．兩宋瓷器》（上、下），李輝柄主編，上海：上海科學技術出版社、上海世紀出版股份有限公司，香港：商務印書館（香港）有限公司，二〇〇二年。

《故宮博物院藏文物珍品大系．青花釉裡紅》（上、中、下），耿寶昌主編，上海：上海科學技術出版社、上海世紀出版股份有限公司，香港：商務印書館（香港）有限公司，二〇〇〇年。

《故宮博物院藏文物珍品大系．顏色釉》，楊靜榮主編，上海：上海科學技術出版社，香港：商務印書館（香港）有限公司，一九九九年。

《故宮博物院藏文物珍品大系．五彩．斗彩》，王莉英主編，上海：上海科學技術出版社、上海世紀出版股份有限公司，香港：商務印書館（香港）有限公司，一九九九年。

《故宮博物院藏文物珍品大系．琺瑯彩．粉彩》，葉佩蘭主編，上海：上海科學技術出版社、上海世紀出版股份有限公司，香港：商務印書館（香港）有限公司，一九九九年。

《摶泥幻化：院藏歷代陶瓷》，余佩瑾主編，台北：故宮博物院，二〇一四年。

《天工寶物——八千年歷史長河》，嵇若昕主編，台北：故宮博物院，二〇〇六年。

《美食配美器——中國歷代飲食器具》，香港文化博物館編，香港：康樂及文化事務署，二〇〇四年。

《炊具食器》，陳彥堂著，台北：貓頭鷹出版社，二〇〇三年。

《中國古代飲食器具設計考略：10~13世紀》，韓榮、張力麗、朱喆著，北京：人民日報出版社，二〇一五年。

《幸福的碗》，謝立文著，麥家碧繪，香港：設計及文化研究（香港）工作室、何鴻毅家族基金，二〇一〇年。

《筷子，不只是筷子》，藍翔著，台北：麥田出版，二〇一一年。

《中國青銅器綜論》（全三冊），朱鳳瀚著，上海：上海古籍出版社，二〇〇九年。

《古詩文名物新證合編》，揚之水著，天津：天津教育出版社，二〇一二年。

《中國飲食文化》，徐文苑主編，北京：北京交通大學出版社、清華大學出版社，二〇一四年。

《清代宮廷生活》，萬依、王樹卿、陸燕貞主編，香港：商務印書館（香港）有限公司，二〇〇六年。

論文

《景德鎮湖田窰各期碗類裝燒工藝考》，劉新園、白焜著，《文物》，一九八二年第五期。

《從「箸」演變到「筷子」的初步考察》，張成材著，《青海師範大學學報（社會科學版）》，一九八八年第四期。

《漢語「箸（筯）」、「梜（筴）」／「筷（快、筷子）」的歷時替換》，陳宇宇著，《安康學院學報》，二〇一四年八月第二十六卷第四期。

電子資源

故宮博物院： www.dpm.org.cn

台北故宮博物院： www.npm.gov.tw

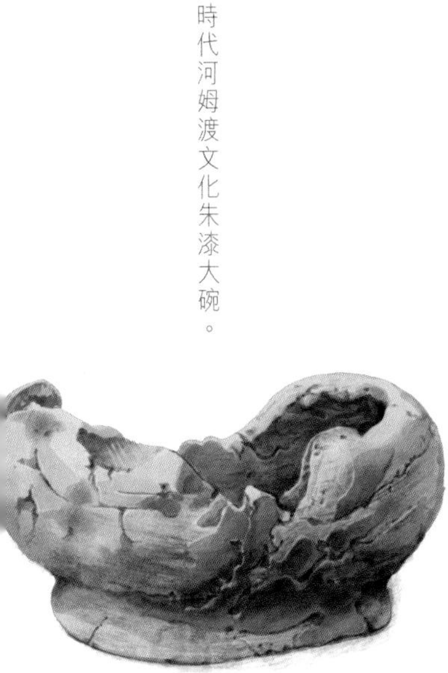

七千年前，新石器時代河姆渡文化朱漆大碗。

碗，完全是一雙掬水的手。
也是雙手很願意拿起的東西（完美記憶）。

像一塊雙手很願意拿起來的磚

像單手很願意拿起來的汽水瓶

像單手很願意拿起來的流動電話

像手指很願意拿起來的智能電話

像這本書，請您拿起來看一眼